17
77·81

Wolfgang Amadeus
schreibt an
Maria Anna Thekla Mozart

... und der nähmliche narr bleibe ich

Mit Bildern von Michael Mathias Prechtl

und einem Essay von Hanns Josef Ortheil

Herausgegeben von Reinhard Ermen

Büchergilde Gutenberg

Frankfurt am Main und Wien

INHALT

ANHANG

MOZARTS BÄSLE-BRIEFE

MOZARTS BÄSLE-BRIEFE
Ein Essay

Was ist das? – Einer setzt sich hin, um seiner Base einen Brief zu schreiben, er beginnt, mit der Feder Buchstaben und Sätze zu malen, doch sofort zerspringt ihm der Zusammenhang. Die Buchstaben geraten ins Fließen, die Sätze ins Flattern, immer wieder ein Stocken, Aufspringen, ein erhitztes Hin und Her, Pausen, neue Ansätze – und der Brief wird darüber zu einem grafischen Rätsel. Was läßt den Briefschreiber so ins Ungewisse treiben, welche Kräfte sind da am Werk, welchen Herausforderungen versucht er zu entkommen?

Mozarts Bäsle-Briefe muteten den Interpreten allerhand zu. Dem wilden Ansturm von Schabernack, Anarchie und derbkräftigen Tönen waren sie lange Zeit nicht gewachsen. So wurden die Briefe nur bruchstückweise zitiert, man schämte sich mit dem Blick auf die Gloriole des Genies seiner kaum erklärlichen, ungebärdigen Züge, oder man tat sie mit ein paar flinken Gesten ab. Nichts Bedeutendes, nur ein paar Possen, die man nicht weiter ernst nehmen wollte.

Sie ernst zu nehmen, strengten dann erst psychoanalytisch geschulte Betrachter sich an. Nun verfiel man ins andere Extrem. In den Bäsle-Briefen glaubte man so etwas wie den Schlüssel zu Mozarts psychischer Existenz zu besitzen, und die Deutungen machten sich mit dem üblichen Aufgebot der bekannten dienstbaren und trockenen Fachbegriffe darüber her. Belegten die Briefe nicht Mozarts narzißtische Selbstbezogenheit, waren sie nicht große Metaphern für die Verdrängungen, die er sich zugemutet hatte und gegen die er mit einer immer chaotischer werdenden Sprache anrannte?

Es scheint so, als sei es uns erst heute möglich, diesen zweifellos kuriosen und einzigartigen Texten mit einiger Unvoreingenommenheit zu begegnen. Die Zeiten der prüden Verweigerung wie die der bierernsten Psychovisitation sind vorbei. Dies hat damit zu tun, daß sich unsere Vorstellungen von Genialität gleichsam emanzipiert haben. Wir stellen uns das Genie Mozart nicht mehr als lebensentrückter Träumer oder als leblosen Reinheitsapostel vor; andererseits haben wir es auch nicht mehr nötig, jede Regung seiner vitalen Natur mit einem Übermaß pedantischer Deutung zu sterilisieren. Mozart fällt in unseren Augen nicht mehr, indem er sich als ein dreister und unbekümmerter Mensch erweist, der an allem Sinnlichen, Leiblichen sein reines Vergnügen hat, und wir brauchen dieses Vergnügen nicht erst dadurch zu adeln, daß wir es mit ungelenken, ihm wenig angemessenen Begriffen auf eine bedeutungsschwere Ebene heben. Im Gegenteil, unsere vorurteilsfreiere Sicht auf das Phänomen der unbestrittenen Genialität erlaubt uns gerade, auch das bisher Mißachtete, Verworfene oder verschämt Unterdrückte mitzudenken und mitzuempfinden. Vielleicht haben wir daher mehr als frühere Generationen die Chance, Mozart so zu sehen, wie er war; unsere Vorstellungen sind weniger durch Klischees, weniger durch Rücksichtnahmen auf Moral, Sitte und Anstand getrübt. Befreit von den Tabufesseln einer beschönigenden Betrachtung und ebenso weit entfernt von der Zumutung, das Einzigartige zu trivialisieren, können wir einfach zu verstehen suchen.

Wie also kam es zu diesen sonderbaren Briefen, zu diesem Drauf-Los, dieser Flut von Sprache, diesem Plappern, das sich dauernd vermehren will – warum zeigt sich Mozart gerade in diesen Briefen als ein zügelloses Temperament ohne jede Selbstbeherrschung?

Die Briefe angemessen zu verstehen, kann nur heißen, sie von den Lebensumständen her zu deuten, in denen Mozart sich damals befand. Es sind Briefe aus der spannungsreichsten und an inneren wie äußeren Umbrüchen ›geladensten‹ Phase seines Lebens. Nie zuvor und niemals später war er vor so große Anforderungen gestellt; die überbordende Sprache, die große Ekstase, der gleichsam irisierende Ton der Briefe werden erst verständlich, wenn man ein wenig ausholt, sich diese Anforderungen zu vergegenwärtigen. Was also ging diesen Briefen voraus, in welchem Augenblick seines Lebens stößt Mozart auf seine Base und was geschieht mit ihm in diesen Wochen, in denen das Augsburger Bürgermädchen für kurze Zeit eine der wichtigsten Rollen in seinem Leben spielen darf?

Das Jahr 1777, in dem diese Episode sich entwickelt, ist das Jahr der Loslösung Mozarts von Salzburg und zugleich das Jahr der ersten Revolten gegen den führenden, starken Vater. Mozart ist damals einundzwanzig Jahre alt und längst nicht mehr das in ganz Europa berühmte und an den Höfen geschätzte Wunderkind, das alle Zuhörer durch seine verblüffenden Fähigkeiten in seinen Bann zieht. Die Zeit der großen Auftritte, der glanzvollen Konzerte, des burschikosen Umgangs mit den Herrschern ist vorbei, Mozarts Ruhm ist mit den Jahren verblaßt, und es ist allen Familienmitgliedern, vor allem aber dem umsichtig planenden Vater bewußt, daß er in Salzburg unter den Fittichen des Erzbischofs Colloredo nichts mehr erreichen wird. Man treibt, wenn man ihn in Salzburg beließe, Schindluder mit seinen großen Talenten – so die Einschätzung des Falles durch den Vater, eine Einschätzung, die rasches Handeln und endgültige Entschlüsse herausfordert. Salzburg – das bedeutet nun nichts anderes als Warten, kleine Auftritte, Sich-Fügen in Dienste, die Mozarts Ansprüchen nicht mehr genügen, die ihm nichts mehr abverlangen. Die Unzufriedenheit über diese Zeit der Stagnation steigt in den ersten Monaten des Jahres 1777 immer mehr, nirgendwo scheint sich eine Veränderung der festgelaufenen Verhältnisse, des unfruchtbaren Wirkens in Diensten des Erzbischofs, aufzutun.

Nach langen Überlegungen ist Leopold Mozart schließlich zu allem entschlossen. Alles muß aufs Spiel gesetzt, alles muß gewagt werden, um Wolfgang eine verheißungsvollere Zukunft zu eröffnen. Hatte man nicht in der Vergangenheit von großen Aufträgen, von ehrbaren Diensten an einem großen Hof, von Ruhm und Ehre geträumt? Und hatten die Auftritte des jungen Mozart in Europa nicht zu diesen hochfliegenden Hoffnungen berechtigt? Als Kind war Wolfgang mit der Familie durch halb Europa gereist, ein Siegeszug ohnegleichen, der seinen Namen zu einem glanzvollen Gerücht gemacht hatte. Die europäischen Herrscher hatten seine Auftritte gar nicht abwarten können, sie hatten ihn oft schon am Tag seiner Ankunft empfangen – all das soll jetzt vorbei sein? Leopold sieht, daß die ungeheure Begabung seines Sohnes im stickigen Alltag der Salzburger Dienstgeschäfte zu verkümmern droht. Er vergleicht unaufhörlich die ruhmreiche Vergangenheit mit der tristen Gegenwart, und aus diesem traumatischen Vergleich erwächst schließlich sein Entschluß: er setzt Wolfgang ein Entlassungsgesuch auf, der Erzbischof soll seinen Sohn freigeben, damit er sich nach anderen Diensten umschauen kann.

Dieser Entschluß ist die letzte Rettung, die Leopold noch bleibt. Um so mehr überrascht ihn die kühle Reaktion des Erzbischofs, der gleich einen Schritt weiter geht: er entläßt Vater und Sohn aus seinen Diensten, nicht ohne den höhnischen Zusatz, daß sie fortan ihrer Wege ziehen sollten, nach dem Evangelium, wie es die Bittsteller gewünscht hatten. Leopold reagiert entsetzt, er erkrankt vor Kummer, plötzlich sind alle Bande zerschnitten, der Familienverband steht vor seiner größten Herausforderung. Wolfgang indessen muß die Antwort des Erzbischofs gefallen haben; sie bedeutet für ihn ja das Ende der Wartezeit, sie setzt alles in Bewegung, nun muß man sich entscheiden, und dies kann nur bedeuten: hinaus mit ihm in die Welt!

Der Schlachtplan, den Leopold entwirft, ist ebenso konsequent wie riskant. Wolfgang soll auf Reisen, um sich nach einer würdigen Anstellung umzusehen, die Mutter soll ihn begleiten, während Leopold und Wolfgangs Schwester Nannerl in Salzburg zurückbleiben. Man muß sich ganz deutlich machen, wie gewagt dieser Plan ist, um die große Unruhe zu begreifen, die von nun an alle Familienmitglieder erfaßt. Wolfgang ist noch nie ohne den Vater auf Reisen gegangen, der Vater war auf all seinen musikalischen Eroberungszügen der umsichtige, leitende Planer und Ratgeber, ein souveräner Organisator mit den besten Beziehungen, mit einem untrüglichen Gespür für den passenden Moment, die richtige Geste. Vater und Sohn – sie waren auf diesen Reisen eine Einzelle gewesen, einander in ihren Fähigkeiten auf ideale Weise ergänzend: hier der ungehemmte, erfrischend direkte und unkomplizierte Sohn, dort der ruhige, diplomatische, bilanzierende Vater, der dem Sohn stets jene Stabilität des Alltags garantierte, dessen seine umtriebige Natur unbedingt bedurfte.

Diesmal aber muß dieser Vater zu Hause bleiben, aus der Ferne will er die Schritte des Sohnes lenken, in Briefen, ausführlichen Briefen, die kein Detail übergehen. Die Mutter soll sich um Wolfgang kümmern, sie soll den fehlenden Vater zumindest in einer Hinsicht ersetzen, indem sie für den Sohn sorgt und wenigstens so etwas wie die Illusion eines ihn bergenden Haushalts in Szene setzt. Um die entscheidenden Belange aber muß Wolfgang selbst sich kümmern: jetzt soll er bei den Fürsten, Herzögen und Bischöfen vorsprechen, er soll Konzerte planen, Kontakte knüpfen, auf sich aufmerksam machen, die ganze Strategie eines Feldzugs übernehmen, den früher der Vater geplant hatte. Kurioser Fall! Der einundzwanzigjährige Mozart macht sich auf die Spuren seiner Kindheit und Jugend, er soll die triumphalen Erlebnisse dieser frühen Zeiten bestätigen, ja noch übertreffen – die Mittel aber, die ihm dazu zur Verfügung stehen, sind weitaus beschränkter als früher. Früher wollte man das Wunderkind sehen, dieses Spielzeug, das auf die Minute und scheinbar ohne Anstrengung produzierte, jetzt steht vor den hohen Würdenträgern ein bereits erwachsener Komponist, der eine Anstellung zu finden hofft, die seinen Fähigkeiten angemessen wäre.

Erwachsen, bereits erwachsen? Solche Begriffe treffen Mozarts Charakter schlecht. In normalen Sinn ist er nicht erwachsen geworden. Er lebte bis zu dieser ersten, selbständigen Reise unter den Fittichen des Vaters und der Familie, ein gehätscheltes, mit allen Temperamenten gesegnetes Wesen, dem auch im Kreis der Familie noch immer die Aura des Wunderkindes anhaftete, das allen gefiel und sich eben deshalb besonders viel erlauben konnte. Der Wolfgang ist schlimm (im Sinne von: anstrengend, schelmisch, nicht leicht zu handhaben) – darum wußten alle Familienmitglieder, und sie nahmen diese spielerische Reizbarkeit seines Charakters nicht wie ein notwendiges Übel, sondern eher als liebenswerten Zug eines Menschen hin, der schon so Außerordentliches geleistet hatte. Wolfgang brauchte nicht erwachsen zu werden, all das, was zum Erwachsenwerden notwendig war, hatte die Familie ihm bisher erspart, und seine Umwelt hatte ihn weniger herausgefordert als bestätigt und in der vielleicht trügerischen Hoffnung gelassen, er, Wolfgang, werde immer triumphieren, bei jeder Gelegenheit, einfach durch die Kraft seines Genies.

Die Entlassung aus den Diensten des Erzbischofs ist daher der erste, entscheidende Bruch mit diesen Hoffnungen und Illusionen. Plötzlich sehen alle genauer hin, und sie erkennen in Wolfgang vor allem einen noch hilfsbedürftigen, kaum berechenbaren, aber äußerst liebenswerten Sohn, dem nun endlich zugemutet werden muß, was man einem Einundzwanzigjährigen zumutet: für sich selbst zu stehen, sein Leben ganz in eigene Hände zu nehmen, um daraus zu formen, was in der

Zukunft Bestand haben soll. Gerade diese Selbständigkeit aber traut man Wolfgang noch immer nicht zu. Man weiß vielmehr, daß er selten die Übersicht behält, daß er sich leicht beschwatzen läßt, daß er gern anderen zu Gefallen etwas tut, was ihn nicht voranbringt, daß er, einmal einfach gesprochen, noch ein halbes Kind ist, das mit einer wahren Kindesseele an den Menschen und Dingen hängt, ohne den rechten Sinn für Falschheit, Mißgunst, Ausbeutung, Tändelei. Jetzt, in diesem zentralen Moment seines Lebens, rächt sich gleichsam seine Vergangenheit. Wo früher die Kindesseele gefordert war, wo sie ihm eine Art intuitiven Zugang zur Welt erlaubte, abgedichtet und beschützt durch den immun machenden Familienraum, da muß sich diese Seele mit all ihren Launen, Gefühlsausbrüchen und Dreistigkeiten jetzt zu verbergen lernen. Sie muß sich gleichsam zurückziehen zugunsten einer anderen Gestalt: der des ernsten, zielbewußten, selbstsicheren Kompositeurs, der sich den Widrigkeiten des Lebens zu stellen weiß.

Die Reise, die Mozart im September 1777 mit seiner Mutter antritt, erfordert also von ihm so etwas wie eine Umpolung seines Charakters, eine Art neuer Chemie, die das früher nach außen Schillernde nach innen nimmt und das Äußere zu einer stimmigen, überzeugenden Erscheinung zu glätten weiß. Darum, vor allem darum, geht es auf dieser Reise, denn ohne diese Voraussetzung der Charaktergestaltung wird ihm, das ahnen alle, nichts gelingen. Der Vater aber wird von Salzburg aus kein anderes Amt ausüben als das des Wächters, des Aufsehers, des Anwalts der Zukunft. Er wird sich bemühen, die Wogen in Salzburg zu glätten, er wird wieder um Anstellung in erzbischöflichen Diensten ersuchen (und diese Ende September auch wieder erhalten). Doch letzteres ist nur ein Seitenaspekt jener Geschichte, die sich nun entwickeln wird: der Geschichte von Mozarts verzweifeltem Streifen durch die Welt, der Geschichte des Versuchs, mit, abgesehen von den künstlerischen, geringen

Mitteln die Renaissance seines Namens und seines Ruhms zu betreiben.

Überblickt man diese Dispositionen, so versteht man sofort, warum der Abschied von Salzburg sich für alle Beteiligten nicht nur als schmerzhafte Trennung, sondern fast wie eine Katastrophe gestaltet. Leopold hilft zwar noch beim Einpacken, aber er handelt nur in Trance, er ist nicht bei der Sache, ein Abwesender, dem man alle Zügel aus der Hand zu nehmen scheint. Nannerl muß sich erbrechen, eine heftige Migräne befällt sie, man legt sie in ein verdunkeltes Zimmer, jedes Geräusch schmerzt sie. Auch Leopolds Befinden zeigt deutliche Züge eines psychischen Absturzes, am Ende vergißt er sogar, dem Sohn seinen Segen zu geben. Alles ereignet sich wie in somnambuler Entrückung, ein einschneidendes Zerfallen der vorher zusammenwirkenden Familienkräfte, ein Aufbrechen von Gefühlen, Ängsten und bereits vorausgeahnten Abstürzen.

Wir sind genau darüber im Bild, wie sich für Vater und Tochter die Stunden nach der Abreise gestalteten: ein einziger Zusammenbruch, eine demütigende Hilflosigkeit. Plötzlich ist der Raum still, keine Gespräche mehr, kein heiteres Lachen, nur noch Gebete, hingestammelte Hilfegesuche. Der erste Bericht, den wir dagegen vom reisenden Mozart erhalten, soll diesen furchtbaren Stimmungen entgegentreten. Mozart meldet sich, als sei er im Vollbesitz all seiner Kräfte. Munter, eine Spur zu heiter vielleicht, versucht er alle Befürchtungen zu vertreiben. Nein, der Mutter und ihm geht nichts ab, nein, es fehlt ihnen nichts (außer dem Papa), aber, je nun, Gott will es nun einmal so. Dafür spielt nun er den Papa, er ist, wie er schreibt, »der anderte Papa«, und bereits diese Wendung zeigt, wie genau er die schwierige Situation erfaßt hat. Daß es der Mutter und ihm gut geht, das muß nun immer wieder belegt werden, und der gleich zu Beginn seiner Briefnachrichten hingesetzte Verweis darauf, daß die Mutter sich »auf dem häusl« befinde, soll dieses Wohlbefinden unterstreichen. Die Sphäre des Leibes, die Sphäre von Nahrungsaufnahme, Verdauung, Ausscheidung – sie ist eine Art Barometer des Lebensgenusses, ein reiches Metaphernfeld dafür, daß man noch mit allen Kräften am Leben ist, ein rundum sich wohlbefindender Körper, mit allen Insignien seiner Kraft, ein vitales, lebhaftes Instrument, das für die Schärfe der Sinne einsteht. Genau in diesem Sinn war der Gebrauch der Leibsbilder im Kreis der Mozartischen Familie üblich, ja an der Tagesordnung. Es ist eine Art kicherndes Einverständnis mit der eigenen Natur, ein dauerndes Verweisen auf die Physis, die sich da so unablässig produziert, die so etwas wie den Kreislauf des Lebendigen beweisen soll. Wenn die Mama auf dem Häusl sitzt, dann geht es ihr gut, Mozart weiß keinen besseren Ort, ihr Wohlbefinden, ihre Arbeit am Leiblichen zu dokumentieren. Er selbst aber zeigt sich als der, der die Geschäfte übernommen hat. Er spricht mit dem Hausknecht, er sorgt sich um alles, und er fügt hinzu, daß er es gerade mit dem Ernst tut, der ihm auf den von ihm gemachten Portraits eigen ist.

Gerade diese Wendung, die alle Besorgnis hinwegfegen soll, gibt aber natürlich zur Sorge Anlaß. Denn sosehr sich Mozart auch bemüht, es wird doch schon durch seinen hoch gestimmten, munteren, mit jedem Detail einen Spaß treibenden Ton deutlich, daß er gar nicht fähig ist, seiner Umgebung mit vollem Ernst zu begegnen. Ja, er handelt, er bemüht sich, er sorgt sich – aber er tut es mit dem niemals zu tilgenden Bewußtsein, eine Figur in einem theatralischen Stück zu sein. Ein Stück, in dem es lebendig hergeht, in dem der Hausknecht anklopft, die Postillione Bezahlung anfordern und die Mama auf dem Häusl sitzt – ein Stück der Volkskomödie diesmal, das sich mit der nächsten Szene schon in ein Stück des hohen Stils verwandeln kann.

Verwandlung, Bewußtsein für das Szenische des Lebens – das ist Mozarts Verhältnis zur Welt. Er kann die Menschen und

Dinge nicht in dem Sinn ernst nehmen, den man gewöhnlich braucht, um im Leben zu bestehen. Er hat keine Art Pragmatik, wohl aber eine Einfühlsamkeit, die sofort wieder Reizbilder in seine Empfindung zurücksendet. Sie entmaterialisiert gleichsam das Lebendige, sie macht aus dem Körperlichen um ihn herum ein Kabinett der Charaktere, Gestalten, Figuren. Das ist es – dieser doppelte Blick auf die Welt, der Blick darauf, in ihr zu handeln und gleichzeitig außerhalb ihrer Szenen stehen, der Blick des Akteurs und des Schauspieldirektors, dieser Blick bestimmt die Nachrichten von Mozarts Briefen, und Leopold weiß sofort, daß er genau gegen diesen Blick anarbeiten muß.

Dabei muß man unterscheiden. Es ist nicht so, daß Mozart sich etwa nur über die anderen lustig machte, obwohl es oft so scheint; aber er degradiert sie nicht, er treibt mit ihnen weder Spott noch bitteren Zynismus – nein, er entfernt sie einfach von sich um jene kleine Distanz, die es möglich macht, sie andererseits wieder zu sich in Beziehung zu setzen. Der Hausknecht – das ist nicht nur dieses Einzelwesen, dieser polternde, vielleicht ungehobelte Mensch, der Hausknecht ist vielmehr Teil einer Gesamtaktion, der Aktion des Dramas, in das Mozart alles um sich herum verwickelt. Dieses Anteilhaben gibt den Menschen seiner Umgebung etwas von einer höheren Würde zurück; als Figuren in dem Theater, das das Leben nun einmal ist, sprechen sie ihre Rollen, deklamieren sie oder zeigen sich so, wie man es sich wünscht. Mozart verwickelt sie einfach in seine Betrachtungsweise der Welt, und die ist – seit der frühesten Kindheit, seit jenen Tagen also, in denen er unwiderruflich zu empfinden und zu begreifen lernte, wie leicht sich mit dem Leben umgehen ließ, wenn man es spielend, spielerisch zu gestalten wußte – von doppelter Perspektivik, der Perspektivik des Getriebenen, der laufend lachend seine Verkleidungen wechselt, und der Perspektivik des Sich-Offenbarenden, der sich dort den anderen nähert, wo man sein Lebensspiel mitzugestalten weiß.

Noch etwas anderes ist von Bedeutung. Seit Mozart mit der Mutter allein auf Reisen ist, ist er verpflichtet, dem Vater Bericht zu erstatten. Er muß *schreiben*, und das verlangt von ihm allerhand. Bis zu diesem Zeitpunkt kennen wir von ihm nur kürzere Briefschnörkel, Nachträge zu den Briefen des Vaters, kurze Späße, Briefe an die Schwester, auch diese aus der Spaßabteilung. Doch bisher hat er in seinen Briefen nicht berichten müssen, nicht aufzählen und in übersichtlicher Form darstellen, was vorgefallen ist. Diese Gründlichkeit, diese Akkuratesse macht ihm zu schaffen. Nicht daß er nicht auf Gründlichkeit und Ordnung acht gegeben hätte, doch war dies bisher nur in dem Bereich vonnöten, in der er über alle Meisterschaft verfügte, in der Musik. Sein Verhältnis zu den Worten und zur Sprache dagegen ist ein ganz anderes. Es gelingt ihm nur unter starker Verdrängung seiner Launen, einen Brief so aufzusetzen, wie man einen Brief gemeinhin aufsetzt. In Mozarts Augen schillern die Worte, sie haben eine Physis, den Klang, sie sprudeln aus ihm hervor, da aber, wo er sie im einfachen Sinn aneinanderreihen muß, versagen sie ihm oft den Dienst. Genau kann man daher beobachten, wie sehr die lange Beschäftigung mit der Vertonung von Sprache, sein Umgang mit der musikalischen Aura, die er der Sprache in Lied, Arie, Oper abgewinnen muß, sein Verständnis von Sprache geprägt hat. Es ist ein ganz und gar ungewöhnliches Verständnis, so als wollte einer die Worte dauernd zum Klingen bringen und als nötigte es ihm beinahe physische Schmerzen ab, wenn die Worte in der üblichen Manier nur dazu dienen sollen, ›etwas‹ mitzuteilen. Soll er dieser Manier gehorchen, langweilt er sich aufs äußerste; immer wieder ist ihm anzumerken, daß er dieses Gleichmaß der Sätze, den trockenen Berichtstil, nicht ausstehen kann. Dann wird ihm jeder Satz zu lang, und ein Brief braucht manchmal Tage, bis er ausgeschrieben ist.

Festzuhalten also ist, daß da einer dem Vater (und obersten Richter) Bericht erstatten soll, der am wenigsten geeignet ist, diesen Vater und seine Erwartungen zufrieden zu stellen. Will der Vater alles »der Reihe nach« hören, sucht er nach handfesten und greifbaren Details, nach Namen, wäre es ihm am liebsten, der Sohn schilderte einen Tag Stunde für Stunde, damit er, der Vater, alles übersieht, so denkt der Sohn gar nicht daran. Der würde sich am liebsten in lauter Abschweifungen ergehen, in Wortkaskaden, in blitzenden Verdrehungen, die so gar nichts haben von Nachrichten oder gar Beichten. In dieser Unstimmigkeit der gegenseitigen Erwartungen sind die Mißverständnisse, ist der große Konflikt bereits angelegt. Aber noch sind den Teilnehmern an diesem bürgerlichen Trauerspiel ihre eigenen Rollen verborgen, noch ahnen sie nicht, was alles auf sie zukommen wird.

Erste längere Station wird in München gemacht. Mozart muß sich umsehen, er sucht den Hof-Intendanten auf, er spricht mit dem Bischof, der Kurfürstin, schließlich muß er sich vom Kurfürsten Bescheid geben lassen, daß am Hof keine Stelle frei sei. Ein wenig Musizieren, hier und da, fällt ab, so etwa ein Hauskonzert bei seinem Wirt, aber davon kann er dem Vater nicht allzu lange berichten, denn es ist gewiß nicht das, was der Vater hören will. Bereits in München werden Mozart die Schwierigkeiten seiner Suche ganz deutlich: man kann sich kaum noch an ihn erinnern, er ist nicht mehr im Gespräch. Soll er nach Italien gehen, um dort sein Glück zu versuchen, wie ihm ein Freund rät, der sich in Neapel für ihn verwenden will? Wohin weiter? In München dreht sich alles auf der Stelle: jeder Gesprächspartner verweist ihn an eine andere Adresse, und der Gang, den Mozart bei seiner Stellensuche zurücklegen muß, hat etwas Erniedrigendes. Er ist sich dieser Erniedrigung stets bewußt, zumal er weiß, daß die Herren am Hof von seiner Musik nichts verstehen. Am liebsten würde er sie auch nicht ihnen zu

Ehren vortragen, am liebsten würde er nur dort spielen, wo er verstanden und gehört wird, unter Freunden. So taucht denn auch kurz der Gedanke auf, in München einen Freundeskreis um sich zu versammeln, der für ihn aufkommen müßte, ein ebenso waghalsiger wie abwegiger Gedanke, der von Mozarts Hilflosigkeit ein erstes, ernstes Zeugnis ablegt. In seinen Briefen an den Vater gibt er sich zwar noch munter, doch haben diese ersten, schweren Verletzungen bereits eine Spur gegraben. Wenn man ihn nicht haben will, gut, so zieht er eben weiter, zumal die nächste Station der Reise, Augsburg, als harmloses Terrain erscheint. Hier, in Augsburg, ist an eine Stelle sowieso nicht zu denken, hier kann er sich von den bisherigen Strapazen ein wenig erholen, hier erwartet ihn eine ganz andere Herausforderung.

Der lange Brief an den Vater vom 16./17. Oktober 1777, der die hier vorliegende Sammlung der Bäsle-Briefe eröffnet, ist so etwas wie ein Präludium, wenige Tage nach der Ankunft in Augsburg entstanden. Er wird durch ein komisches Porträt eröffnet: die Tochter des Kriegssecretärs Hamm muß dafür herhalten. Sie plagt sich am Klavier, daß es eine rechte Not ist. Mozart entwirft das Bild einer verzweifelt sich mühenden Dilettantin, deren Annäherung an die Musik etwas von einer anstrengenden Leibesübung hat. Er schaut genau hin, er schildert diese Verrenkungen, und schon wieder wird darüber das Porträt zur Szene. Schnell macht er Schluß mit dieser Komik, die »Augspurger Histori« wartet, also die ordentliche Schilderung dessen, was sich ereignet, wen man getroffen, mit wem man welche Händel begonnen hat.

Herr von Fingerle, der Direktor Graf, der Stadtpfleger Langenmantl – noch alle sehr höflich, wie ausdrücklich betont wird, um die – gegenüber München – veränderte Qualität des Umgangs anzudeuten. Dann aber schon die ersten Schwierigkeiten, sehr exakte, beinahe peinlich genaue, mit Stundenangabe versehene Mitteilungen darüber, wie man ihn auch in Augsburg hinhält. Der junge Herr von Langenmantl ist die unverschämte Gestalt, die ihn so in die Leere laufen läßt – er bestellt ihn zu sich, er vertröstet ihn auf den nächsten Tag, aber es kommt nichts dabei heraus. Kein Konzert, wie erwartet, nichts! Man unterhält sich, Mozart trägt etwas vor (schlecht begleitet), man speist zusammen, dabei soll es bleiben?

Nicht nur dabei! Der junge Herr von Langenmantl entblödet sich nicht, sich über Mozarts Orden vom Goldenen Sporn lustig zu machen. Es ist ein hoher, päpstlicher Orden, den Mozart auf Geheiß des Vaters dann und wann anlegt, um so etwas wie Eindruck zu machen (schlimm genug, daß dies nötig ist, Mozart ist es ganz und gar nicht recht). So herausgefordert, gerät Mozart denn in Rage, er sagt dem sich anbiedernden, dreisten Bürgersöhnchen, der sich für ihn einsetzen wollte, gründlich die Meinung. Hut und Degen – Abgang!

Die übrige Augsburger Bürgerkompanie ist zu Recht erschrocken, als Mozart empört meldet, daß man ihn in der Heimatstadt seines Vaters nicht hören möchte. Beflissen bemühen sie sich, einen öffentlichen Auftritt vorzubereiten. Sie wollen die Schande nicht auf sich sitzen lassen, der Direktor Graf begleitet ihn, wie Mozart deutlich genug mitteilt, nach seinem Besuch sogar im Schlafrock über die Straße. Schließlich kommt es – nach zähem Hin und Her, nach vielen Vermittlungsversuchen und einem beinahe komischen Kreisen von Fürsprechern – doch zu einem Konzert. Für Mozart ist das alles eine Plage, nichts als ein kleinkariertes Schauspiel, bei dem man ihm gehörig auf die Füße tritt. Besser, so klagt er, besser ist man da doch an einem Hof aufgehoben, da weiß man wenigstens, mit wem man es zu tun hat. Augsburg, die Bürgerstadt, wird darüber zu einem Ort, der alle Arten von Flüchen anzieht, am besten, man wäre schon darüber hinaus, wenn nicht ..., wenn nicht ...!

Das Wichtigste hebt sich Mozart für den Schluß des Briefes auf (damit es dem Vater nicht sofort ins Auge fällt). Es ist die Nachricht vom Bäsle, die einzige Nachricht, die geeignet ist, Augsburg in besserem Licht erstrahlen zu lassen. Um vom Bäsle zu schreiben, notiert er, müsse er »ganz aufgeheitert« sein, daher verschiebt er die Nachricht auf den nächsten Tag. Schon dieses Stocken ist bezeichnend. Augsburg zerfällt in zwei Sphären, die öffentliche der Bürger, und die private, die sich mit dem Bäsle auftut. Mozart gelingt es nicht, sie zusammenzudenken; die öffentliche hat ihm jeden Aktionsraum genommen; um der privaten die Aufmerksamkeit zu gewähren, die ihr gebührt, muß er sich ganz umstimmen. Eine Nacht soll vergehen, alle bösen Gedanken sollen ganz vertrieben sein, bevor er sich an die Schilderung des Bäsle macht.

Wer ist nun dieses Bäsle, um das sich im folgenden eine reiche Stimmungsleiter der Gefühlsschwankungen entspinnt? Das Bäsle, mit vollständigem Namen Maria Anna Thekla Mozart, war die Tochter des Buchbindermeisters Franz Alois Mozart, eines Bruders von Wolfgangs Vater Leopold. Sie gehört also zum väterlichen Familienkreis, sie ist so etwas wie eine Vertraute, der man nicht (wie vielen anderen) mit Zurückhaltung begegnen muß. Im Gegenteil; zum Zeitpunkt des Zusammentreffens ist die Base neunzehn Jahre alt, also in einem Alter, das dem Mozarts sehr nahe kommt. Die beiden sind sich bereits in früheren Zeiten einmal begegnet (1763 und 1766 auf der großen Europa-Tournee des jungen Mozart), werden sich jedoch kaum an dieses Treffen erinnert haben. Diesmal stehen sich nicht zwei Kinder gegenüber, sondern zwei halb Erwachsene, die sich vom ersten Augenblick an verstanden zu haben scheinen. Halb erwachsen – denn die Begegnung mit dem Bäsle lockt Mozarts kindliche Seiten hervor, seinen unbekümmerten Umgang mit den Menschen, seine Spiellaunen, all die impulsiven Züge, die so eng an die Salzburger Heimat geknüpft waren. Hier, mit dem Bäsle, kann er sie wieder ausspielen, hier kann er *zurückfinden*, im Kreis der Verwandten, der Vertrauten, die sich ihm nicht entgegenstellen, sondern seinen Blick aufs Lebenstheater fördern und anheizen. Wir zwei taugen recht zusammen – so Mozarts begeistertes Bekenntnis, und Leopold, der Empfänger dieser Nachricht, wird sich leicht ausgemalt haben können, was dies bedeutet: der Sohn hat, was seine bekannte Lebenslust, was Spiel, freien Umgang, was alle Arten der Unterhaltung betrifft, eine weibliche Entsprechung gefunden, eine Art Ebenbild zumindest in gewissen Zügen. Es ist das erste Mal in Mozarts Leben, daß er auf solch einen Menschen trifft; die Schwester Nannerl jedenfalls war nicht von dieser Art, sollen wir den Nachrichten trauen, die wir über sie (und auch aus ihren Briefen) besitzen. Daß also das Bäsle »auch ein bischen schlimm« ist, kann man nun leichter verstehen. Sie ist so etwas wie die spielerische Ergänzung zu Mozarts Treiben, endlich eine Figur im Lebensspiel also, die bereit ist, mit ganzen Kräften mitzuspielen: wir foppen die Leute miteinander, daß es lustig ist – so Mozarts abschließende Wendung, eindeutig genug.

Das Bäsle hat unter diesen ausführlichen Brief Mozarts eine kurze Nachschrift gesetzt, einen Gruß an den Onkel in Salzburg, der uns sofort hören (und beinahe sehen) läßt, mit wem wir es zu tun haben. Sie ist gewiß keine virtuose Briefschreiberin, es fällt ihr schwer, die richtigen Worte zu finden, steif und gestelzt klingt das alles, aber sehr bemüht. Ihr Sprachvermögen geht nicht so weit, sich dieser Steifheit entledigen zu können, anders als der Vetter versucht sie sich in den Regeln des höflichen Grüßens, und dieses Suchen nach den richtigen Worten (und Buchstaben) hat denn auch etwas unbeabsichtigt Komisches. Schriftlich kann sie sich also nicht entfalten, dazu bedarf es der plappernden Mündlichkeit, und in dieser scheint sie stark gewesen zu sein, eine immer zu Scherzen aufgelegte

Person, für die die Launen des Vetters die richtige Anregung waren. Mozart hat sie dem Vater als »schön, vernünftig, lieb, geschickt und lustig« vorgestellt, eine seltene und eigene Temperamentemischung, bei der man bedenken muß, daß sie für die Augen des Vaters wie für die des Bäsle entworfen wurde. Schön – damit schmeichelt er sich beim Bäsle ein; vernünftig – damit beruhigt er den Vater; lieb – damit gibt er sein eigenes Urteil (sie ist ihm lieb, was nicht meint, daß er sie liebt, das eine schließt das andere geradezu aus); geschickt – das soll beweisen, daß ihre Art nichts Provinzielles hat (im Gegenteil, sie weiß mit den Menschen umzugehen, wie er ausdrücklich betont); lustig – die Hauptsache kommt, wie meist bei Mozart, am Ende des Wortschwanzes.

Wie reagiert Leopold auf dieses eindrucksvolle und so vielstimmige Charaktergemälde? Er läßt sich die Flut von Adjektiven, die schon auf den ersten Blick eine besondere Erhitzung Mozart anzeigen, auf der Zunge zergehen. In seinem Antwortbrief vom 18./20. Oktober 1777 malt er die ganze Palette noch einmal aus: schön, vernünftig, lieb, geschickt und lustig (er buchstabiert sich die Reihenfolge exakt aus dem Brief des Sohnes zusammen) – und wie weiter? Leopold wittert etwas, er spürt das Überzogene der vielen Adjektive, und es reizt ihn: »das freut mich unendlich, und ich hab gar nichts dagegen einzuwenden ...« Das ist deutlich genug! Leopold will dem Sohn den Spaß nicht verderben, er will nicht dreinfahren in dieses Spiel, aber indirekt, vorsichtig meldet er seine Bedenken an. Auch er übertreibt nun: »unendlich« freut es ihn, und er hat nichts dagegen einzuwenden (womit er den Blick erinnert, den er auf die Verbindung Mozarts mit dem Bäsle wirft, den Blick des Wächters). Dann noch die kleine Spitze, die das Bild des Bäsle um eine Stufe herabstimmen soll: sie mache sich, wie es scheine (wie es ihm, Leopold, *scheine*) zu gemein mit Pfaffen! Das soll sitzen, das zeigt mehr als jede andere Mitteilung seine

Vorbehalte. Kunstvoll, in drei sorgfältig abgewogenen Schritten hat er die ferne Augsburger Szene umkreist, und er vergißt nicht hinzuzusetzen, daß diese Szene für ihn in einem Nebel liege, dem ähnlich, der gerade in Salzburg herrsche (womit er Aufhellung anmahnt).

Man spürt also in Leopolds Antwort deutlich einen gewissen Unwillen. Er hat gar nichts dagegen einzuwenden – wogegen? Nichts dagegen, daß der Sohn sich mit der Base gut versteht; was Wolfgang jedoch andeutet, ist mehr als nur ein gutes Verständnis, es ist Ausgelassenheit, eine Form von Tollerei, und dagegen macht der Vater seine Einwände geltend. Ausgelassenheit, Tollerei – sie überziehen das vernünftige Maß, und es ist gerade dieses Maß, auf dessen Einhaltung er so streng bedacht ist.

Wolfgang selbst geht auf diese Sticheleien, auf diese untergründigen Vorbehalte nur im entscheidenden Punkt ein: er weist den Verdacht, die Base gefalle sich im Umgang mit Geistlichen, entschieden zurück. Die Base, heißt es mit einem Spur von gereiztem Witz, die Base sei »nichts wenigers als ein Pfaffenschnitzl«; darauf folgt auf dem Fuß die Mitteilung, daß sie sich für ihn schön gemacht habe. Nein, die Base macht nicht den Pfaffen schöne Augen, sie will niemand anderem als dem Vetter Eindruck machen.

Etwas mehr als zwei Wochen haben die beiden Zeit, sich aneinander zu erfreuen. Wieweit diese Freude gegangen sein mag, darüber kann man nur mutmaßen. Es gibt die verschiedensten Stimmen dazu, solche, die jeden sexuellen Verkehr rigoros ausschließen, und solche (wie etwa die Wolfgang Hildesheimers), die den beiden jungen Leuten diesen Verkehr zutrauen. Die Kontroverse hat sich sogar soweit verstiegen, danach zu fragen, wo dieser Verkehr möglich gewesen sei (schon die Frage zeugt von einer geradezu naiven Ahnungslosigkeit, natürlich gab es Gelegenheiten und Orte in Fülle). Da die Schnüffelei aber immer auf Vermutungen angewiesen sein wird, soll sie hier nicht fortgesetzt werden. Letztlich bleibt es auch völlig unbedeutend, ob die beiden oder ob sie nicht ..., bei solchen Fragen nervös zusammenzuzucken, gehört sowieso der Vergangenheit an. Wichtiger als dieser ins Leere laufende Spürsinn wäre ein anderes Nachforschen, ein Nachforschen danach, wovon die Verbindung Mozarts zu dem Bäsle getragen wurde, was sie ausmachte, was also Mozart in dieser Verbindung fand.

Antworten auf all diese Fragen erhalten wir sehr genau aus jenen Briefen, die Mozart von der nächsten Station der Reise, aus Mannheim, an das Bäsle schreibt. Sie geben uns eine recht verläßliche Vorstellung davon, wie die Verbindung zwischen den beiden ausgesehen haben mag, sie komplettieren das Bild, das man sich schon von den wenigen Bemerkungen machen konnte, die Mozart aus Augsburg verlauten ließ.

Bedeutsam ist zunächst, daß die Bäsle-Briefe meist eine Art Nachschrift zu den Briefen an Leopold in Salzburg darstellen. Muß Mozart in den Briefen an den Vater Bericht erstatten und gleichsam Ausweise seines Lebenswandels und seiner Überlegungen vorlegen, so sucht er in den Bäsle-Briefen nach Befreiung, nach Abfuhr, nach einer Leichtigkeit, die im Blick auf den Vater immer wieder verloren zu gehen droht. Das Bäsle ist dabei nicht einmal eine Vertrauensperson, niemand, dem er also sein Herz ausschüttet (dazu neigt er sowieso nicht), sondern die Spielgefährtin seiner komödiantischen Unbekümmertheit, die er lebensnotwendig braucht, um nicht in den quälenden Verhältnissen zu ersticken. Den lustigen und komischen Briefen ist also gleichsam ein außerordentlicher Druck vorgelagert, und sie haben die hohe Aufgabe, den Lebensernst, die Herausforderung durch die Welt, mit derben, kräftigen Streichen wegzuwischen. Daher fallen sie so dreist, so mit den Worten vagabundierend, so ins Leere zielend emphatisch aus. Ins Leere –

denn meist kommt es nicht zu einer einzigen konkreten Mitteilung. Es gibt nichts zu bereden, nichts zu schildern, diese Briefe haben keinen anderen Inhalt als den indirekten der Druckentladung, und so zielen sie auch nur in dieser indirekten Weise auf Verständnis. Gemeinsam ist Mozart und dem Bäsle die Abwendung von den alltäglichen Geschäften und die Suche danach, wie man ihre Steifheit unterlaufen könnte. Mozart betreibt diese Suche so konsequent, daß er keinen einzigen Ton »gesetzter Gescheitheit« hineinmischt. Es darf keine höhere, ruhige Warte geben, keine Distanz, von der aus die Verbindung zum Bäsle betrachtet werden dürfte, sonst zerfiele der Kontakt auf der Stelle. Dieser Kontakt ist aber ein ausschließlich sinnlicher, ein Spiel mit der Physis, ein Untergraben aller gedankenreichen Widerstände.

Daher entwickeln sich die Bäsle-Briefe zu einer Sprache, die man mit der konkreten Poesie vergleichen könnte. Es ist ein Durchbrechen des normalen Wortsinns, ein Versuch, die Lautlichkeit der Worte hervorzuheben, ihnen alle Bedeutungsschwerkraft zu nehmen. Schon der erste dieser Briefe (vom 31. Oktober 1777) beginnt mit der wegweisenden Wendung, daß Mozart nicht gewillt ist, etwas »gescheutes« mitzuteilen. Nein, das Gescheite macht Kopfweh, wie er schreibt, das Gescheite und Gelehrte, das Briefen so oft anhaftet, gehört mit keiner Silbe berührt. Auch ein anderer nützlicher Briefinhalt verbietet sich, selbstverständlich auch das Rührende, das Empfindsame. Der Kontakt mit dem Bäsle gründet eben nicht auf so nervzehrenden Empfindungen wie dem der Liebe, sondern er rührt an etwas ganz anderes. Er rührt an *Liebelei.*

Liebelei – das ist das Spielen mit den Liebesfloskeln unter der stillschweigenden Voraussetzung, daß die Grenze zur Liebe nie überschritten wird. Wenn Mozart diese Grenze überschreitet (wir haben auch davon bedeutsame Zeugnisse, die wichtigsten natürlich in seinen Opern), so erhalten seine Mitteilungen etwas von gedehnter Zurückhaltung, von verweilendem Innehalten, ja sogar von gespannter Ergriffenheit. Davon ist in den Bäsle-Briefen nicht die geringste Spur zu finden. Sie bestehen aus Liebesspielerei, aus Spott gegenüber der Welt, aus Koketterie, aus all jenen Ingredienzen, aus denen sich freischwebende Empfindungen zusammensetzen, die nicht zu einem festen Bestand drängen.

Nichts, nichts! – um diesen leeren Fundus der Mitteilung kreisen daher diese Briefe wie große komödiantische Arien, ein bloßes Zwitschern, Zirpen und Ausschallen der Worte, die dadurch gleichsam enthüllt werden. Nackt ziehen die Laute an einem vorüber, und an den Rändern lagert sich die in solchen Situationen stets bereite Fäkalkomik an, die in der Mozartischen Familie von allen Mitgliedern stets mit besonderer Gründlichkeit gepflegt wurde.

Wir sind heute weit genug davon entfernt, diese Wendungen als anstößig zu empfinden. Es sind, schlicht gesagt, Darbietungen des Lebensvergnügens, Hinweise darauf, wie wohl sich der Schreibende in seiner leiblichen Hülle fühlt. Diese Hülle nämlich stimmt (auch klanglich) mit seinen Wortlauten überein, auch aus ihr dröhnt es, spuckt es, röhrt es. Nicht anders quillen ja die Worte aus dem Mund, ein bloßes Ausspeien, Ausschmatzen.

Sich alles Schweren, Bedrückenden entledigen, das Bleigewicht der Worte abwerfen, Kreise reiner Lautlichkeit schlagen – das alles hat Mozart in Mannheim nötiger als je zuvor. Denn der Aufenthalt zieht sich überaus quälend in die Länge, und in diesen langen Wochen und Monaten wiederholen sich auf erbärmliche Weise die Erfahrungen, die er bereits in München und Augsburg gemacht hatte. Zwar trifft er in Mannheim auf gute Musiker, zwar kommt es zu zahlreichen Gelegenheiten, seine Fähigkeiten zu beweisen – doch der entscheidende Schritt der

Anstellung bei Hofe gerät immer weiter aus dem Blick. Beinahe von Woche zu Woche werden neue Pläne geschmiedet, mal soll es nach Paris gehen, mal nach dem Süden – nichts richtet sich zufriedenstellend, und in Salzburg wird der Vater darüber immer ungeduldiger. Die Entfremdung zwischen den beiden wächst, mit der Zeit bringt Mozart alles durcheinander, schon ziehen die Zoten und Späße aus den Bäsle-Briefen auch in die Briefe an den Vater ein und richten ihr Unheil an. Denn der Vater bemerkt, daß die Verwandlung des Sohnes keine Fortschritte macht; er läßt sich zu leicht vertrösten, er hat kein Konzept, er schwadroniert, er ist die Unbeständigkeit in Person – so unbeständig, daß ihm, Leopold, Mannheim wie ein Tollhaus erscheint.

Mozart aber übt sich in der sprachlichen Kunst des Aufschubs, des Nichts-Sagens, der Verweigerung. Hier, in Mannheim, findet er zum ersten Mal zu jener seltsam frei zirkulierenden Sprache, die den Widerstand gegen den mächtigen Vater andeutet. »Potz oracl-sprüche, und kein Ende!« – so dramatisch reagiert der Vater darauf, der an diesen Orakelsprüchen nur feststellt, wie gleichgültig dem Sohn die Lebensplanung geworden ist, wie sehr ihm die Zeit zerfließt.

Dreck, Dreck, nichts als Dreck – so derb und entschieden weiß Mozart auf des Vaters Befürchtungen zu antworten. Er schleudert ihm dieses »Dreck, Dreck« mit lauter Grimassen entgegen. In den Briefen ans Bäsle aber wird das Dreckgetöse zu einem einzigen ausschweifenden Gelächter. So vermischen und vermengen sich die Vokabeln der beiden Briefsprachen, die Mozart von nun an pflegt: die versteckte, ernste und die dramatisierende, krumme, wilde. Ans Bäsle gerichtet: »Sie sehen also daß ich schreiben kann, wie ich will, schön und wild, grad und krumm.«

Wildheit – sie ist all seinen Mannheimer Äußerungen anzumerken. Denn gewiß ist, daß er nicht zurück, daß er sich nicht geschlagen geben will, um keinen Preis. Am liebsten würde er ganz »auf und davon«, doch die Mutter wacht noch über ihn. »Auf und davon« – das meint für ihn: irgendwohin – ins Nirgendwo, in jene örtlichen Phantasiegebilde, in denen einzig und allein die Musik regiert. Italien ist so ein phantastisches Reich, aber auch die anderen Vorschläge, die er macht, haben etwas von dieser Phantastik. Das Gefälle zwischen Mannheim und der phantastischen Ferne aber setzt seine Wildheit frei, ein immer unbeherrschter werdendes Herumtasten, ein Trommeln auf der Stelle, ein einziges Sich-Verschwenden, das nichts als einen Halt sucht und diesen schließlich auch findet.

Diesen Halt stellt eine neue Familiengemeinschaft, die der »Weberischen« dar. Fridolin Weber ist Bassist, Souffleur und Notenkopist des Hoftheaters, gesegnet mit fünf Töchtern und einem Sohn. Die älteste Tochter, Aloisia, ist erst sechzehn Jahre alt, singt aber schon wie eine Primadonna. Mozart verschweigt diese neue Bekanntschaften dem Vater zunächst, erst langsam, Schritt für Schritt verzweigen sich Meldungen darüber in seine Briefe. Endlich muß er gestehen, daß er mit den Weberischen einen Reiseabstecher nach Kirchheimbolanden und Worms gemacht hat. Man ist mehrfach aufgetreten, Aloisia und er haben ihre Talente ins beste Licht gerückt, von hier aus scheint sich eine Zukunft aufzutun.

Mozart verbindet diese Zukunft ganz mit seiner heftig entbrannten Liebe zu der jungen Sängerin. Ihr gilt nun sein ganzer Augenmerk, und wenn er überhaupt noch zu Sinnen kommt, dann malt er sich die Parallelen in den schönsten Farben aus, dann denkt er sich die Weberischen als eine Musikerfamilie ähnlich der Mozartischen, dann wünscht er sich nichts anderes, als aufgenommen zu werden in diese neue Gemeinschaft, die ihm die der eigenen Familie für immer ersetzen könnte.

Vom Bäsle ist nun nicht mehr die Rede, es gehen keine Briefe mehr hin und her. Die Liebelei, die diesen munteren

Gesellenstücken eigen war, soll nun im Meisterstück enden: der Liebe zu Aloisia, der gegenüber er sich mit allem Ernst als Kompositeur höherer Gnaden vorstellt.

Er teilt seinen Entschluß, der langen Wartezeit in Mannheim dadurch ein Ende zu machen, daß er mit den Weberischen durch die Lande reist, dem Vater nach langem Ringen mit. In diplomatischer Manier, alles abwägend wie ein Buchhalter, versucht er, für sein Programm zu werben. Doch dieser Brief, der erste Mannheimer, in dem er alle Abschweifungen ausläßt, nichts mehr verschweigt, sondern das lange gehütete Geheimnis in allen Farben entkleidet, bringt das Faß zum Überlaufen.

Als Leopold die neuen Nachrichten aus Mannheim erhält, weiß er sich nicht mehr zu halten. Er erschrickt aufs äußerste, die ganze Nacht findet er keinen Schlaf, und wie beim Abschied Wolfgangs aus Salzburg erlebt auch Nannerl, die Schwester, diese Ereignisse beinahe symbiotisch mit. Sie weint beinahe zwei Tage lang. Beiden, Vater wie Tochter, ist nun endgültig deutlich geworden, daß der Sohn jeden Halt verloren hat, der Schleier, der bisher über dem so lange hinausgezögerten Mannheimer Aufenthalt lag, ist weggerissen, alles liegt jetzt klar vor Augen.

Leopolds Antwortschreiben (vom 12. Februar 1778) wird ein einziges Strafgericht. Die Abrechnung erscheint radikal, sie soll mit allen Überlegungen Mozarts aufräumen, die vom Wege abführen könnten. Noch einmal geht Leopold die Stationen der Reise durch und entlarvt sie als Fehlschläge. Unerbittlich zählt er alle Irrtümer Mozarts auf, nennt er die Illusionen, denen der Sohn aufgesessen ist, sammelt er die »kleinen Scenen«, in denen er seine Ziele aus den Augen verloren und sich mit den falschen Menschen gemein gemacht hat. Darunter ist auch das Bäsle, »meines Bruders Tochter«, mit der er sich »lustig unterhalten« und die ihm sogar zur Erinnerung ein Portrait geschickt habe. Die ganze Reise erscheint so als ein verheerendes Desaster, das von Mozarts Unmündigkeit Zeugnis ablegt, von seinen »tausend spaß«, von diesen unbegreiflichen Handlungen des »lustigen aufgeräumten närrischen Menschen«, der am Ende in nichts anderes als einen »Daummel« geraten ist, völlig außer sich also, denn nur ein so Außer-sich-Geratener kann mit dem Vorschlag aufwarten, die Weberische Musikantenfamilie auf Reisen zu begleiten. Dieser Gedanke erscheint Leopold wie der Höhepunkt eines einzigen Irrewerdens des Sohnes an seiner hohen Bestimmung. Der Sohn, so sind sich Vater und Tochter gewiß, ist dabei, sie alle ins Unglück zu stürzen. Am Ende dieses Briefes steht das Urteil und der Befehl: »Fort mit Dir nach Paris!«

Die Einzelheiten dieser Paris-Reise können hier nicht mehr ausführlich dargestellt werden, sie sollen nur insoweit gestreift werden, als sie Mozarts Beziehung zu seiner Augsburger Base betreffen. Denn diese Base, die während der sich anbahnenden Verbindung zu Aloisia Weber immer mehr in den Hintergrund getreten ist, spielt noch einmal einen kleinen, nicht unbedeutenden Part, ganz am Ende der langen Tour durch Europa, als all die Katastrophen sich zu Mozarts endgültiger Niederlage verdichtet haben.

In den Befehl des Vaters, unverzüglich nach Paris aufzubrechen, hat er sich geschickt. Er antwortet seinem Richter mit aller Gekränktheit, er weist die Vorwürfe (besonders was die Base und den unterhaltsamen Umgang mit ihr betrifft) zurück; er kann nicht vollständig entkräften, was der Vater einzuklagen hat, aber er will doch klarstellen, daß der Vater all die Ereignisse der vergangenen Monate in einem einseitigen Licht darstellt. Der Vater schreibt »so beissend« über etwas, das in Mozarts Augen viel harmlosere Züge hatte. Mehr noch: der Vater hat überhaupt nicht erfaßt, was ihn die ganze Zeit so umgetrieben hat. Trotzdem: die Fahrt nach Paris ist ein Sühnegang, dort muß er seine letzte Chance suchen. Kurz bevor er aufbricht, schreibt er (nach langem Schweigen, auf das er sofort zu sprechen kommt) noch einmal in dem bekannten Ton ans Bäsle. In vierzehn Tagen geht es nach Paris, diese Meldung kommt diesmal hinein in den Brief; sosehr er wie üblich vom Leibsgetön, dem Dreck und allen Begleiterscheinungen handelt, sosehr sind doch diesmal neue Töne erkennbar, kleine Zeichen des Werbens, Entschuldigungen, sogar knappe Blicke auf sich selbst, den »armen narrn«, schließlich der durchaus ernst gemeinte Seufzer (um dessen ernsten Hintergrund das Bäsle freilich nicht wissen kann): »ich wollte wünschen ich wäre bey ihnen, damit ich mit ihnen recht herumspringen könnte.«

Noch im scheinbar ganz wortspielerischen, deklamatorischen Ende schimmert etwas von Bedrücktheit durch. »Adieu Bääsle« – heißt es da knapp, und dann folgt die Tirade: »ich bin, ich war, ich wär, ich bin gewesen ...« – heiter soll das noch sein, aber es klingt eher gequält. Schließlich die endgültige Verabschiedung, deutlich genug mündend ins Ungewisse, in die leicht furchtsame Ahnung vor der Zukunft: »addieu ma chére Cousine, wohin? –« Ein scherzhafter Reim, scheinbar, in Wahrheit ein Reim mit Sorgenfalten.

Dieser letzte der munteren Bäsle-Briefe steht unter dem Eindruck des Schocks, den der Brief des Vaters hervorgerufen hat. Noch einmal bemüht Mozart das alte Hilfsmittel dieser Briefsprache: sich von allem zu befreien, was ihn bedrückt, einengt, was ihm mit Gewalt etwas abfordert. Aber durch die tolldreiste Sprache schimmert jetzt etwas von Angestrengtheit, der Brief ist insgesamt matter als seine Vorläufer, weniger kühn, weniger wild, ein leichtes Resignieren ist ihm eingeschrieben.

Der Aufenthalt in Paris aber setzt den Schlußpunkt auf all die Mißerfolge, Schmähungen und Unglücke, die diese Reise zum deprimierendsten Erlebnis in Mozarts Leben machen. Nicht nur daß er in Paris ebenso erfolglos bleibt wie bisher, in Paris stirbt auch die Mutter, die ihn begleitet hatte. Ihr Tod ist das sichtbarste Zeichen des Verhängnisses, hilflos bleibt Mozart kein anderer Gedanke mehr als der an die baldige Heimkehr. In Salzburg hat Leopold inzwischen das Heft in die Hand genommen. Nach vielerlei demütigenden Fürsprachen hat er für den Sohn eine erneute Anstellung erwirkt, als Konzertmeister und Hoforganist, eine schlecht bezahlte Stelle, die aber von den gröbsten Sorgen befreit. Nun gelten keinerlei Widerreden und Vorbehalte mehr; Leopold, der den Schmerz über den Tod seiner Frau kaum verwinden kann, befiehlt Mozart nach Hause zurück, das große Trauerspiel der Reise soll endlich ein Ende haben.

Mozart wehr sich innerlich gegen dieses Ende. Es ist klar, daß er sich nicht so beschämen lassen will und daß der bloße Gedanke an Salzburg ihn nicht ruhen läßt. Darüber hinaus aber arbeitet er noch von Paris aus an seiner liebsten Idee, der einzig rettenden, der einzigen, die alles noch zum Guten wenden könnte. Mehrfach wendet er sich brieflich an Fridolin Weber wie an einen Vertrauten, auch die geliebte Aloisia erhält ein Schreiben, durchgehend in der Sprache der Oper, in Italienisch abgefaßt (schon das beweist, wie er zwischen Liebessprache und der Sprache der Liebeleien genau zu trennen weiß). Mozart macht im geheimen Anstalten, eine Verbindung zu den Weberischen einzuleiten, eine Verbindung, die seine Zukunft bestimmen soll.

Er reist – ganz gegen den Willen des Vaters, der ihn auf schnellstmöglichem Weg nach Hause wünscht – über Mannheim zurück, er erträgt noch einmal die heftigsten Briefschmähungen Leopolds, sein Blick geht nur nach München, wo Fridolin und Aloisia Weber inzwischen eine Anstellung erhalten haben. Es ist, als sei er gebenüber den väterlichen Verwünschungen, als sei er überhaupt gegenüber seiner Umwelt völlig immun geworden, ja noch mehr: es ist, als habe er nur noch ein einziges Bild vor Augen. Dieses Bild, das Bild Aloisias, aber gerät seltsam ins Schwimmen, es ist das Bild seiner hohen Liebe und Minne, auf untergründige Weise aber ist dieses Bild mit dem des Bäsle verknüpft, mit dem Bild seiner absoluten Lebensheiterkeit.

Und so schreibt er denn am 23. Dezember 1778 dem Bäsle noch einmal einen Brief, in dem er sie herzlich bittet, nach München zu kommen. In diesem Brief findet sich die zu allerhand Vermutungen Anlaß gebende Wendung, daß die Base in München »vielleicht eine grosse Rolle zu spiellen bekommen« werde. Welche Rolle – hat man sich gefragt – kann er meinen? Etwa die einer Art Brautführerin? Etwa die einer Fürsprecherin?

Die Rolle, die das Bäsle dann wirklich spielen wird, ist die einer Trösterin. Denn Mozarts Liebeswerben wird in München von Aloisia Weber zurückgewiesen. Nach dieser endgültigen Niederlage fällt ihm nichts mehr ein, seine Gegenwehr ist vollständig gebrochen, ein körperlicher Zusammenbruch ist die Folge. Er will einen Neujahrsgruß an den Vater aufsetzen, aber es gelingt nicht mehr. Nur noch ein Stammeln bringt er hervor, das von einem Schluchzen begleitet wird, jede Äußerung ist gehemmt und beschwert: »ich habe von natür aus eine schlechte schrift, das wissen sie, denn ich habe niemalen schreiben gelernt, doch habe mein lebetag niemal schlechter geschrieben als dieß-mal; denn ich kann nicht, – mein herz ist gar zu sehr zum weinen gestimmt!«

Es gibt nichts mehr zu beschönigen, nichts mehr zu korrigieren. So wird die Zuflucht zur Heiterkeit konkret: er bittet darum, das Bäsle mit nach Salzburg bringen zu dürfen. Man braucht diesen Wunsch nicht mehr zu kommentieren, man versteht ihn jetzt vollständig ...

Die wenigen Briefe, die Mozart dann später noch an das Bäsle geschrieben hat, sind von ganz anderer Art als die früheren lebensmunteren. Anspannung, Übertreibung, Wildheit, Außer-sich-Sein – das alles findet man nicht mehr in ihnen. Die geheime Verbindung zu den Kraftanstrengungen seiner Existenzsuche, die derartige psychische Exorzitien herausforderte, ist zerrissen. Daher wirken diese späteren Briefe nur noch wie ferne Nachklänge. Ruhe, Gefaßtheit, höchstens noch durch ein paar Scherze unterbrochen, prägen sie. Noch einmal widmet der »Sauschwanz« dem Bäsle eine kleine Arie, er zeichnet ihr Porträt, so wild und derb, wie ihm das Bild seiner heftigen niederen Minne vor Augen steht. Aber das alles ist entschieden verhaltener als früher, genau bemerkt man die Veränderungen, denn dieses Bäsle-Bild sticht nicht mehr, es fordert nichts mehr heraus, es erinnert höchstens noch.

Schließlich verlieren sich die beiden ganz aus den Augen. Das letzte Wort behält Leopold. Am 21. Februar 1785 meldet er seiner Tochter »die Geschichte der Baase«: angeblich hat ein Domherr ihr Glück gemacht.

Sicher ist heute, daß die Base Mozarts eine uneheliche Tochter zur Welt gebracht hat. Sie wurde auf den Namen Josepha getauft und heiratete später den Postdirektor Joseph Streitel. Mutter und Tochter zogen 1814 mit dem Postdirektor nach Bayreuth, wo die Base im Haus ihres Schwiegersohnes dann auch starb. Das war 1841, und Mozarts Base war im dreiundachtzigsten Jahr.

Hanns-Josef Ortheil

MOZARTS BRIEFE UND ZEUGNISSE

Wolfgang Amadeus Mozart aus Augsburg an seinen Vater Leopold nach Salzburg am 16./17. Oktober 1777

A / Monsieur Leopold Mozart / Maitre de la Chapelle de / A. A. R: de / à Salzburg

Mon trés cher Pére.

Wegen des kriegs-secretaire Hamm seiner frl: tochter, kan ich nichts anders schreiben, als daß sie nothwendiger weis Talente zur musique haben muß, indem sie erst 3 jahr lernt, und doch vielle stücke recht gut spiellt. ich weis mich aber nicht deütlich genug zu erklären, wen ich sagen soll, wie sie mir vorkömmt, wenn sie spielt; --- so Curios gezwungen scheint sie mir -- sie steigt mit ihren langen beinigen fingern so curios auf dem Clavier herum. freylich hat sie noch nie keinen rechten Meister gehabt, und wen sie zu München bleibt, wird sie das ihr lebetag nicht werden, war ihr vatter will und verlanget. Denn er möchte gern daß sie fortreflich im Clavier wäre -- wenn sie zum Papa nach Salzburg kommt, so ist es ihr dopelter Nuzen, in der Musique so wohl als in der vernunft; dann die ist wahrlich nicht groß. ich habe schon viell wegen ihr gelacht. sie würden für ihre bemühung gewis genug unterhaltung haben. Essen kann sie nicht viell, denn sie ist zu einfältig darzu. Ich hätte sie probieren sollen? -- ich habe ja nicht gekönnt für lachen. dann wenn ich ihr einigemahl so mit der rechten hand etwas vormachte, so sagte sie gleich *Bravißimo*. und daß in der stimme einer Maus. Nun will ich meine angefangene Augspurger Histori, in möglicher kürze auserzehlen. H: von fingerle, den ich von Papa ein Compliment ausgerichtet habe, war auch beym H: Director graf. Die leüte waren alle sehr höflich, und besprachen sich immer wegen einer accademie. sie sagten auch alle, daß wird eine der brillantesten accademien werden, die wir in Augspurg gehabt haben. sie haben viell voraus, da sie die bekantschaft des H: stadtpfleger langenmantl haben; und dann der Namen Mozart macht hier sehr viell. wir giengen ganz vergnügt aus-einander. Nun muß der Papa wissen, daß der jung: H: v. langenmantl beym H. *stein* dort gesagt hat, er wolle sich impegnirn eine accademie auf der *stube* |: als etwas rares, daß mir Ehre macht :| ganz allein für die H: Patritii zu veranstalten. man kann nicht glauben, mit was für einem impegno er sprach, und sich anzunehmen versprach. wir redeten ab ich sollte morgen zu ihm kommen, und antwort haben. ich gieng hin das war der 13:[te] er war sehr höflich, sagte aber er könnte mir noch nichts Positives sagen. ich spielte wieder so eine stunde. er lud mich auf morgen als den 14:[ten] zum speisen ein. des vormittags schickte er her, ich möchte doch um 11 uhr kommen, und etwas mitnehmen, er hätte einige von der Musique bestellt, sie wollten etwas machen. ich schickte gleich etwas. kam um 11 uhr. da machte er mir eine menge schwänz. sagte ganz gleichgültig hören sie, mit der accademie ists nichts. o, ich habe mich schon gezörnet gestern wegen ihnen. die H: Patritii sagten mir, ihr Caßa stehe sehr schlecht, und daß seye kein virtuos dem man einen souvrain d'or geben könnte. ich schmuzte und sagte, ich glaube auch nicht. *NB: er ist auf der stube intendant von der Musique, und der alte ist stadtpfleger!* ich machte mir nicht viell daraus. wir giengen zum tisch. der alte speiste auch heroben; er war sehr höflich, sagte aber kein wort von der Accademie. nach dem speisen, spielle ich 2 Concert. etwas aus dem kopf. dann einen Trio vom Hafeneder auf der Violin. ich hätte gern mehr gegeigt, aber ich wurde so schlecht accompagnirt, daß ich die Colic bekamm. er sagte mir ganz freündlich, wir bleiben heüte beysammen, und fahren in die Comedie, und dann soupiren sie bey uns. wir waren sehr lustig. als wir von der Comoedie zurück kammen, spiellte ich wieder bis zum Essen. dann giengen wir zum soupée. er fragte mich schon vormittag wegen meinem kreüz. ich sagte ihm alles ganz klar, was und wie es seye. Er und sein schwager sagten so öfters wir wollen uns das kreuz kommen lassen, damit wir mit den H: Mozart incorporit sind. ich achtete aber nicht darauf. sie sagten auch so öfters. sie, Cavalier. H: sporn. ich sagte nichts. unterm soupée wurde es aber zu arg. was wird es etwa kosten. 3 Duccaten? -- muß man die erlaubniss haben es zu tragen? -- kostet diese erlaubniss auch etwas? wir wollen uns das kreüz doch kommen lassen; da war ein gewisser Officier noch da B: Bach, der sagte, ey pfuy, schämmen sie sich, was thäten sie mit dem kreüz? der junge Esel von kurzenMantl winckte ihm mit den augen. ich sah es. er merckte es. drauf war es ein wenig stille; dann gab er mir einen taback und sagte: da haben sie einen taback darauf. ich war stille. endlich fieng er wieder an ganz spöttisch: also morgen werde ich zu ihnen schicken, und da werden sie die güte haben und mir das kreüz nur einen augenblick zu leihen, ich werde es ihnen gleich wieder schicken; Nur damit ich mit dem goldschmied reden kann. ich bin versichert, das wenn ich ihn frage |: dann er ist gar ein Curioser Mann :| wie hoch es zu schäzen sey, so wird er mir sagen, etwa einen bayerischen thaler. es ist auch nicht mehr werth, dann es ist ja nicht vom gold, sondern vom kupfer, Hehe. ich sagte, gott behüte, es ist vom blech, Hehe. | mir war warm vor wuth und Zorn. aber sagen sie mir sagte er, ich kann ja allenfals den sporn weglassen? -- o ja, sagte ich; sie brauchen keinen, sie haben ihn schon im kopf. ich habe zwar auch einen in kopf; aber es ist halt ein unterschied. ich möchte mit den ihrigen wahrhaftig nicht tauschen. hier haben sie einen taback drauf. |: ich gab ihm taback :| er wurde ein wenig bleich. neülich fieng er wieder an, neülich stunde der orten recht gut, auf der reichen weste. ich sagte nichts. endlich rief er, hey, *zum Bedienten.* daß ihr auf die nächst mehr Respect für uns habet, wen wir zwey, mein schwager und ich, den H: Mozart sein kreüz tragen.

hier haben sie einen taback darauf; daß ist doch curios fieng ich an, | als wenn ich nicht gehört hätte, was er gesagt hat :| ich kann noch eher alle orden | die sie bekommen können | bekommen, als sie das werden, was ich bin; und wenn sie 2mahl sterben und wieder gebohren werden. hier haben sie einen taback darauf, und stunde auf. alles stund auch auf, und war in gröster verlegenheit. ich nahm hut und degen, und sagte ich werde schon morgen das vergnügen haben, sie zu sehen. ja, morgen bin ich nicht hier. so komme ich halt übermorgen, wenn ich ja noch hier bin. ach, sie werden ja doch –– ich werde nichts. hier ist es eine bettlerey. leben sie unterdessen wohl. *und weg.* den andern tag den 15: erzählte ich alles dem H: stein, H: *geniaux* und H: Director graf. nicht wegen dem kreüz; sondern daß ich im höchsten grad disgustirt seye, indeme man mir das maul machte wegen einem Concert und nun alles nichts seye. daß heist die leüte vorn Naren gehabt: die leüte angesezt. mich reüet es recht daß ich hieher gereiset bin. ich hätte mein lebtage nicht geglaubt, daß, da noch Augsburg die vatterstadt meines Papa ist, daß man hier seinen sohn so affrontiren würde. Der Papa kann sich nicht einbilden, wie die 3 leute lamentirten und sich erzörnten. ah sie müssen ein Concert hier geben. wir brauchen die Patritii nicht. ich blieb aber bey meiner Resolution; und sagte, ja, für meine wenige gute freünde da, welche kenner sind, will ich zum abschied bey H: *stein* eine kleine Accademie geben. Der Director war ganz betrübt. daß ist abscheülich rief er; das ist eine schande –– wer würde sich aber das vom langenmantl einbilden –– Pardieu, wenn er gewollt hätte, so hätte es gehen müssen. wir giengen auseinander. der H: Director gab mir in seinem schlafrock das geleit über die stiege und bis vor die hausthüre. H: *stein* und schenió |: der sich dem Papa empfehlet :| giengen mit mir nach haus. sie drungen in uns, wir sollten uns entschliessen noch hierzu bleiben; wir blieben aber fest. Nun muß der Papa wissen, das neulich der junge von langenmantl, als er mir die saubere Nachricht wegen dem Concert ganz indifferent herstammelte, mir sagte; die H: Patritii laden mich zu ihren Concert künftigen donnerstag ein. ich sagte ich werde kommen um zuzuhören. ah, sie werden uns ja das vergnügen machen und spiellen? – – *nu, wer weis, warum nicht*. weil aber den abend hernach mir so viell affront geschah, so entschlosse ich mich, nicht mehr zu ihm zu gehen, und mich vom ganzen Patritiat im arschlecken zu lassen, und weg zu reisen. den 16:[ten] als donnerstag so unter dem Essen, rief man mich hinaus; da war ein Mädl vom langenmantl da, und er liesse sich erkundigen, ob ich gewis kommen würde mit ihm in die accademie zu gehen? – – und ich möchte doch gleich nach dem Essen zu ihm kommen. ich liesse mich gehorsammst empfehlen, und ich gehe nicht in die accademie, und zu ihm kann ich nicht kommen, weill ich schon angagirt bin, *wie es auch wahr war.* ich würde aber Morgen kommen um mich zu beurlauben, dann längstens sammstag werde ich abreisen. H: *stein* ist unterdessen zu die andern H: Patritii von der Evangelischen seite gelaufen, und hat halt ganz erschröcklich perorirt, so daß den H: völlig angst wurde. was, sagten sie, einen Mann der uns so vielle Ehre macht sollen wir weglassen, ohne ihn zu hören. der H: v: langenmantl meint halt weil er ihn schon gehört hat so ists genug. Enfin es war halt so ein feuer, daß der gute junge H: v. kurzen-Mantl selbst den H: *stein* hat aufsuchen müssen, um ihm in Nammen aller zu ersuchen, er möchte sein möglichstes thun, um mich zu persuadiren daß ich in die Accademie gienge. auf etwas großes dürfte ich mich nicht gefast machen Et caetera: ich gieng also nach viellem weigern mit ihm hinauf. da waren die Ersten von die herrn ganz höfflich; besonders ein gewisser officier Baron Relling, er ist auch so ein Director oder so ein thier. der machte meine Musikalien selbsten auf. ich nahm auch eine Sinfonie mit. man machte sie, ich geigte mit. hier ist aber ein Orchestre zum frais kriegen. Der j: lecker vom langen-

Mantl war ganz höfflich. doch hat er noch immer sein spöttisches gesicht. er sagte zu mir. ich habe schon wircklich geglaubt, sie werden uns so entwischen. ich habe -- gar etwa geglaubt, sie möchten einen verdruß haben, wegen den Neülichen spaß. Ey beleibe sagte ich, sie sind halt noch jung. aber nehmen sie sich besser in obacht. ich bin nicht gewohnt auf solche spaß. und daß sujet über das sie raillirten machte ihnen gar keine Ehre; und war auch vom keinen Nuzen denn ich trage es doch. hätten sie lieber andern spaß gemacht. ich versichere ihnen sagt er, es war nur mein schwager der -- lassen wir es gut seyn, sagte ich. bald, sagte er, hätten wir das vergnügen nicht gehabt sie zu sehen. ja, wen der H: *stein* nicht gewesen wäre, wäre ich gewis nicht gekommen; und ihnen die wahrheit zu gestehen, bin ich nur gekommen, dammit sie meine H: Augspurger nicht in anderen ländern ausgelacht werden, wenn ich sagte, daß ich in der stadt wo mein vatter gebohren, 8 täge gewesen seye, ohne daß man sich bemühet hätte mich zu hören. ich spiellte ein Concert. alles war gut bis auf das accompagnement. auf die lezt spiellte ich noch eine Sonate. Dann bedanckte sich der H: Baron Reling im namen der ganzen gesellschaft auf das höflichste, und bat mich, ich möchte doch nur den willen betrachten, und gab mit 2 Ducaten. Mann läst mir noch keinen fried, ich sollte bis sonntag ein öffentliches Concert geben -- vielleicht -- ich bin aber schon so stuff, daß ich es nicht sagen kann. ich bin recht froh wenn ich wieder in ein ort komme wo ein Hof ist! das kann ich sagen, wenn nicht Ein so brafer H: Vetter und base, und so liebs bäsle da wäre, so reüete es mich so viell als ich haar im kopf habe, daß ich nach augsburg bin. Nun muß ich vom meinen lieben jungf: bäsle etwas schreiben. das sparr ich mir aber auf morgen, dann man muß ganz aufgeheitert seyn, wenn man sie recht loben will, wie sie es verdienet. den 17:^{ten} in der frühe schreibe und betheüere ich daß unser bäsle, schön, vernünftig, lieb, geschickt und lustig ist; und daß macht weil sie braf unter die leüte gekommen ist. sie war auch einige Zeit zu München. daß ist wahr, wir zwey taugen recht zusammen; dann sie ist auch ein bischen schlimm. wir fopen die leüte mit einander, daß es lustig ist. Nun bitte ich die Adreße an bischof in Chiemsée nicht zu vergessen. den brief an Gaetano santoro werde ich glaublich heüt an Misliwecek schicken, wie wir es verabredet haben. er hat mir seine Adreße schon gegeben. Ich bitte den armen Misliwecek bald zu schreiben, weil ich weis daß es ihn gewis recht freüet. auf die nächst werde ich wegen den Piano forte, orgel vom stein, und hauptselich von der stuben Accademie discuriren. Es war ein menge Nobleße da, die Ducheße arschbömerl, die gräfin brunzgern, und dan die fürstin riechzumtreck, mit ihrn 2 töchter, die aber schon an die 2 Prinzen Mußbauch vom Sauschwanz verheyrathet sind. leben sie allerseits wohl. ich küsse den Papa 100000 mahl die hände, und meine schwester die canaglie umarme ich mit einer bärischen Zärtlichkeit und bin

dero gehorsamster Sohn Wolfgang Amadé Mozart

augsburg den 17 Oct: 1777.

Nachschrift der Base Maria Anna Thekla Mozart

Insonders Liebwertister
Herr Vetter:

Es ist mir onmäglich, Außzutricken wie viele Freud, mir ab der glicklichen Ankunft der Frau baß, alzs eines so allerliebsten Herr Vetters, empfunden, nur ist zu betauren, so Edle Freunde, so geschwinde wider zu verliehren, die so viele Freundschafft gegen uns zeigen, nur betauren wir, nicht daß glick zu haben, auch sie sambt der Frau: Baß zu sehen; Meine Eltern die sich gehorsambst Empfehlen, Herren Vetter und Freul: Baß, und hoffen daß sie sich Woll befinden, und es stets winschen, bitte mich der Freule: Baß zu Empfehlen, mich stets in dero Freundschaft zu Erhalten, wie ich mir auch von Ihnen schmeichle ihre gewogenheit zu Erhalten, ich habe die Ehre mich zu Empfehlen, und Ersterbe mit Aller hochachtung:

Ergebene Dienirin
und Baß MA
Mozartin

Augspurg den 16 oct.
N: 1777

Der Vatter weiß sich nicht mehr zu Ereneren ob er es gemelt, daß er h: Lotter den 31 Mey 1777 4 Vion: schulen geben, und den 13 Aug: 1777 wider zwey geben.

Aus einem Brief Wolfgang Amadeus Mozarts aus Augsburg an seinen Vater Leopold nach Salzburg vom 17. Oktober 1777

[. . .] wir musten hernach in ein Gastzimmer, dann meine Mama und base, und H: stein war auch dabey. ein gewisser P: Emilian ein hofärtiger Esel und ein einfältiger wizling seiner Proffeßion war gar herzig. er wollte immer seinen spaß mit den bäsle haben, sie hatte aber ihren spaß mit ihm -- endlich als er rauschig war | welches bald erfolgte | fieng er von der Musick an. er sang einem Canon, und sagte ich habe in meinem leben nichts schöners gehört. ich sagte, mir ist leid, ich kann nicht mitsingen, dann ich kann vonn Natur aus nicht intoniren. daß thut nichts sagte er. er fieng an. ich war der dritte. ich machte aber einen ganz andern text drauf, P: E: o du schwanz du, leck du mich im arsch. *sotto voce:* zu meiner base. dann lachten wir wieder eine halbe stunde. er sagte zu mir. wenn wir nur länger beysamm seyn könnten. ich möchte mit ihnen von der sezkunst discurieren. da würden wir bald ausdiscurirt haben, sagte ich. *schmecks kropfeter.* die fortsezung nächstens. W: A. Mozart.

Aus einem Brief Leopold Mozarts aus Salzburg an seinen Sohn Wolfgang Amadeus nach Augsburg vom 18./20. Oktober 1777

[. . .] Unser beyder Empf: an meinen Lieben H: Bruder Frau Schwägerin und Jungf: Bäsle. daß mein jung: Bäsle schön, vernünftig, lieb, geschickt und lustig ist, das freuet mich unendlich, und ich hab gar nichts dagegen einzuwenden, sondern wünschte vielmehr die Ehre zu haben, sie zu sehen. Nur scheint es mir, sie habe zu viel bekanntschaft mit Pfaffen. wenn ich mich betriege so will ich ihrs vor lauter freuden Kniefällig abbitten. dann ich sage nur: *es scheint mir;* und der Schein betrüegt, absonderlich so weit –– von Augsp: bis Salzburg, absonderlich itzt, wo die Nebl fallen, daß man nicht auf 30 Schritte durchsehen kann. – Nun mögt ihr lachen wie ihr wollt! Es ist schon recht, daß sie schlimm ist: aber die geistliche Herrn sind oft noch weit schlimmer.

Ich erwarte die Continuation wegen der Steinischen Instrumente: und der Duchesse Arschbömmerl &c:

Aus einem Brief Wolfgang Amadeus Mozarts aus Augsburg an seinen Vater nach Salzburg vom 23./25. Oktober 1777

[. . .] der Papa schreibt mir in erstern brief, ich hätte mich mit dem buben v: Langenmantl gemein gemacht -- nichts wenigers. ich war halt natürlich sonst weiter nichts; ich glaube der Papa meint er ist noch ein bub, er ist ja schon 21 oder 22 jahr alt, und ist verheyrathet. kann man den noch ein bub seyn wenn man verheyrathet ist? -- ich bin seitdem nicht mehr hinkommen. heüt trug ich 2 billiets hin zum abschied und liess mich excusiren, daß ich nicht hinauf gehe; ich hätte aber noch all zu viell notwendige gänge. iezt muß ich schliessen, denn die mama will absoulement zum tisch und einpacken. Morgen reisen wir nach Wallerstein schnurr ——— gerade.
ich glaub es ist am besten der Papa schliest die briefe noch immer meinem vettern ein, bis wir einmahl in einem ort sizen bleiben. aber nicht in Arrest, versteht sich. Mein liebs bäsle, welches sich beyderseits empfehlt, ist nichts wenigers als ein *Pfaffenschnitzl.* gestern hat sie sich mir zu gefallen, französisch angezogen. da ist sie um 5 p cento schöner. Nun addio. ich küsse dem papa nochmahlen die hände, und meine schwester umarme ich, und allen guten freünden und freündinen empfehle ich mich, und auf das heisel nun begieb ich mich, und einen dreck vielleicht scheisse ich, und der nähmliche narr bleibe ich, Wolfgang et Amadeus Mozartich, augspurg den 25 octobrich, 1700 Siebenzigich.

Wolfgang Amadeus ins Album seiner Base Maria Anna Thekla Mozart in Augsburg am 25. Oktober 1777

Si vous aimés ce que j'aime
vous vous aimés donc vous même*
votre
Tres affectioné Neveu
Wolfgang Amadée Mozart

Augspourg le 25 oct. 1777

* Wenn Sie lieben was ich liebe, lieben Sie also sich selbst.

Aus einem Brief Leopold Mozarts aus Salzburg an seinen Sohn Wolfgang Amadeus nach Augsburg vom 29./30. Oktober 1777

[. . .] *den 30. octb.* diesen Augenblick um halbe 12 uhr mittags erhalte 4 Briefe. einen vom *Jgf: Bäsle*, einen vom *H: Stein*, einen vom *H: von Hamm*, und dann den 4ᵗ vom *Misliwetcek*. das Bäsle ist betrübt über deine Abreise, dann um die Mamma wird eben die betrübniß nicht so erstaunlich seyn: und wider das *Pfaffenschnitzl* protestiert sie Solemniter. H: *Steins* Brief ist voll der erstaunlichsten Lobsprüchen, er behauptet, daß ich dich selbst niemals so spielen gehört, als du bey der Accademie gespielt; giebt mir auch Nachricht, daß ich das mehrere in den Zeitungen finden werde; daß ihr am Sonntag abgereist und zwischen dir und dem Jgf: Bäsle ein sehr trauriger und betrübter Abschied war.

Nachschrift Wolfgang Amadeus Mozarts zu einem Brief Maria Anna Mozarts aus Mannheim an ihren Mann Leopold nach Salzburg am 31. Oktober 1777

bitte auch mit meiner mittelmässigkeit verlieb zu nehmen. ich bin heüte mit H: Danner beyn Mr: Canabich gewesen. er war ungemein höflich. ich habe ihm etwas auf seinen piano forte gespiellt, |, welches sehr gut ist :| wir sind miteinander in die Probe gegangen. ich habe geglaubt ich kan das lachen nicht enthalten, wenn man mich den leüten vorgestellet hat, einige, die mich per Renomé gekant haben, waren sehr höflich, und voll achtung. einige aber, die weiter nichts von mir wissen, haben mich gros angesehen, aber auch so gewis lächerlich. sie dencken sich halt, weil ich klein und jung bin, so kann nichts grosses und altes hinter mir stecken; sie werden es aber bald erfahren. Morgen wird mich H: Canabich selbst zum Graf Savioli, intendant der Musique, führen. das beste ist daß iezt just des Churfürsten Nammens-tag kommt. das oratorium, welches man Probirt, ist vom händl. ich bin aber nicht blieben. dann man hat vorher einen Psalm, Magnificat, Probirt, vom hiesigen vize-kapellmeister, *Vogler;* und der hat schier eine stund gedaueret. iezt muß ich schliessen, dann ich mus noch meinem baasle schreiben. ich küsse dem Papa die hände, und meine schwesterliche liebste umarme ich kurz und gut, wie es kommt.

⊖ Joannes Chrisostomus ♡ sigismundus
Wolfgang gottlieb Mozart.

heut ist mein Nammens-tag! ♡ so heiss ich mit dem fürm-Namme!

⊖ den 27 jenner ist mein geburts-tag!

an alle bekannte unsere empfehlung; absonderlich an graf leopold Arco, H: bullinger, Mad:selle Chatherl und sämmtliche scheis-Compagnie.

Nachschrift an die Kammerjungfer Rosalie Joly

à Mad^{selle} Rosalie joli.
Ich sag dir tausend danck mein liebste Sallerl,
und trincke dir zur ehr ein ganzes schallerl,
Coffé und dann auch thée und limonadi,
und tuncke ein, ein stangerl vom Pomadi
und auch –– auweh, auweh, es schlägt iust Sex,
und wers nit glaubt der ist –– der ist –– ein fex.

die fortsezung folgt nächstens.

Wolfgang Amadeus aus Mannheim an seine Base Maria Anna Thekla Mozart nach Augsburg am 31. Oktober 1777

Das ist curiös! ich soll etwas gescheutes schreiben und mir fällt nichts gescheides ein. Vergessen Sie nicht den Herrn Dechant zu ermahnen, damit er mir die Musicalien bald schickt. Vergessen Sie Ihr Versprechen nicht; ich vergesse gewiß auch nicht. Wie haben Sie doch zweifeln können, mit nächstem werde ich Ihnen einen gantz französischen Brief schreiben, und den können Sie sich alsdenn von Herrn Forstmeister verdeutschen lassen; ich hoffe Sie werden schon zu lernen angefangen haben? ietzt ist der Platz zu klein noch mehr gescheides herzubringen, und immer was gescheides macht Kopfweh; es ist ja ohnehin mein Brief voll gescheider und gelehrter Sachen, wenn Sie ihn schon gelesen haben, so werden Sie es gestehen müssen und haben Sie ihn noch nicht gelesen, so bitte ich Sie lesen Sie ihn bald, Sie werden viel Nutzen daraus ziehen, Sie werden bei einigen Zeilen bittere Zähren vergießen.

Aus einem Brief Wolfgang Amadeus Mozarts aus Mannheim an seinen Vater Leopold nach Salzburg vom 4. November 1777

[...] Meine mama und ich bitten den Papa recht schön, sie möchten doch die güte haben, und unserer lieben baase ein angedencken schicken. denn wir haben alle zwey bedauret daß wir nichts bey uns haben, aber versprochen dem Papa zu schreiben das er ihr was schickt. aber zweyerley sachen. im namen der Mama ein so doppel düchel wie die Mama eins hat, und im namen meiner eine galanterie. eine dose, oder Zahnstockerbüchs Eetc: oder was es ist, wen es nur schön ist; denn sie verdient es. sie und ihr H: vatter haben sich vielle Mühe gegeben, und vielle Zeit mit uns verloren. der H: vetter hat beym Concert das Geld eingenomen. addio. Baccio le mani di vostra Paternità, ed abbraccio con leggiertà la mia sorella, e faccendo i miei Complimenti da per tutto sono di tutto Cuore Wolfgango Amadeo Mozart. Mannheim li 4^{di} Nov:^{bre} 1777

Wolfgang Amadeus aus Mannheim an seine Base Maria Anna Thekla Mozart nach Augsburg am 5. November 1777

Allerliebstes bäsle häsle!

Ich habe dero mir so werthes schreiben richtig erhalten falten, und daraus ersehen drehen, daß der H: vetter retter, die fr: baaß has, und sie wie, recht wohl auf sind hind; wir sind auch gott lob und danck recht gesund hund. ich habe heüt den brief schief, von meinem Papa haha, auch richtig in meine klauen bekommen strommen. Ich hoffe sie werden auch meinen brief trief, welchen ich ihnen aus Mannheim geschrieben, erhalten haben schaben. desto besser, besser desto! Nun aber etwas gescheüdes.

mir ist sehr leid, daß der H: Prælat Salat schon wieder vom schlag getrofen worden ist fist. doch hoffe ich, mit der hülfe Gottes spottes, wird es von keinen folgen seyn schwein. sie schreiben mir stier, daß sie ihr verbrechen, welches sie mir vor meiner abreise von ogspurg voran haben, halten werden, und das bald kalt; Nu, daß wird mich gewiß reüen. sie schreiben noch ferners, ja, sie lassen sich heraus, sie geben sich blos, sie lassen sich verlauten, sie machen mir zu wissen, sie erklären sich, sie deüten mir an, sie benachrichtigen mir, sie machen mir kund, sie geben deütlich am tage, sie verlangen, sie begehren, sie wünschen, sie wollen, sie mögen, sie befehlen, daß ich ihnen auch mein Portrait schicken soll schroll. Eh bien, ich werde es ihnen gewis schicken schlicken. Oui, par ma la foi, ich scheiss dir auf d' nasen, so, rinds dir auf d'koi. appropós. haben sie den spuni cuni fait auch? --- was? -- ob sie mich noch immer lieb haben -- das glaub ich! desto besser, besser desto! Ja, so geht es auf dieser welt, der eine hat den beutel, der andere hat das geld; mit wem halten sie es? -- mit mir, nicht wahr? -- das glaub ich! iezt ists noch ärger. appropós.

möchten sie nicht bald wieder zum H: *Gold*-schmid gehen?

– –

aber was thun dort? – – was? – – nichts! – – um den Spuni Cuni fait fragen halt, sonst weiter nichts. sonst nichts? – – – Nu Nu; schon recht. Es leben alle die, die – die – – die – – – wie heist es weiter? – – iezt wünsch ich eine gute nacht, scheissen sie ins beet daß es kracht; schlafens gesund, reckens den arsch zum mund; ich gehe izt nach schlaraffen, und thue ein wenig schlaffen. Morgen werden wir uns gescheüt sprechen brechen. ich sage ihnen eine sache menge zu haben, sie glauben es nicht gar können; aber hören sie morgen es schon werden. leben sie wohl unterdessen, ach Mein *arsch* brennt mich wie feüer! was muß das nicht bedeüten! – – vielleicht will *dreck* heraus? – ja ja, *dreck, ich* kenne dich, sehe dich, und schmecke dich – – und – – was ist das? – – ists möglich – – ihr götter! – – Mein *ohr,* betrügst du mich nicht? – – Nein, es ist schon so – – welch langer, trauriger ton! – – heüt den schreiben fünfte ich dieses. gestern habe ich mit der gestrengen fr: Churfürstin gesprochen, und Morgen als den 6:ten werde ich in der grossen galla-accademie spiellen; und dann werde ich extra in Cabinet, wie mir die fürstin-chur selbst gesagt hat, wieder spiellen. Nun was recht gescheütes!

1: es wird ein brief, oder es werden briefe an mich in ihre hände kommen, wo ich sie bitte daß – – was? – – ja, kein fuchs ist kein haaß, ja das – – Nun, wo bin ich den geblieben? – – ja, recht, beym kommen; – – ja ja, sie werden kommen – – ja, wer? – wer wird kommen – – ja, izt fällts mir ein. briefe, briefe werden kommen – – aber was für briefe? – – je nu, briefe an mich halt, die bitte ich mir gewis zu schicken; ich werde ihnen schon nachricht geben wo ich von Mannheim weiters hin gehe, iezt Numero 2. ich bitte sie, warum nicht? – ich bitte sie, allerliebster fex, warum nicht? – – daß wenn sie ohnedem an die Mad: Tavernier nach München schreiben, ein Compliment von mir an die 2 Mad:selles freysinger schreiben, warum nicht? – – Curios!

warum nicht? – – und die Jüngere, nämlich die frl: Josepha bitte ich halt recht um verzeyhung, warum nicht? – warum sollte ich sie nicht um verzeyhung bitten? – – Curios! – ich wüste nicht warum nicht? – – ich bitte sie halt recht sehr um verzeyhung, daß ich ihr bishero die versprochene sonata noch nicht geschickt habe, aber ich werde sie, so bald es möglich ist übersenden. warum nicht? – – was – – warum nicht? – – warum soll ich sie nicht schicken? – warum soll ich sie nicht übersenden? – – warum nicht? – – Curios! ich wüste nicht warum nicht? – – Nu, also, diesen gefallen werden sie mir thun; – – warum nicht? – – warum sollen sie mirs nicht thun? – – warum nicht, Curios! ich thue ihnens ja auch, wenn sie wollen, warum nicht? – – warum solle ich es ihnen nicht thun? – – Curios! warum nicht? – – ich wüste nicht warum nicht? – – vergessen sie auch nicht von mir ein Compliment an Papa und Mama von die 2 frl: zu entrichten, denn das ist grob gefehlt, wenn man vatter und Mutter vergessen thut seyn müssen lassen haben. ich werde hernach wenn die Sonata fertig ist, – selbe ihnen zuschicken, und einen brief darzu; und sie werden die güte haben, selben nach München zu schikken. Nun muß ich schliessen, und das thut mich verdriessen. herr vetter, gehen wir geschwind zum hl: kreüz, und schauen wir ob noch wer auf ist? – – wir halten uns nicht auf, nichts als anleiten, sonst nichts. iezt muß ich ihnen eine trauerige geschichte erzehlen, die sich jezt den augenblick erreignet hat. wie ich an besten an dem brief schreibe, so höre ich etwas auf der gasse. ich höre auf zu schreiben – – stehe auf, gehe zum fenster – – und – höre nichts mehr – – ich seze mich wieder, fange abermahl an zu schreiben – – ich schreibe kaum 10 worte so höre ich wieder etwas – – ich stehe wieder auf – – wie ich aufstehe, so höre ich nur noch etwas ganz schwach – – aber ich schmecke so was angebrandtes – – wo ich hingehe, so stinckt es. wenn ich zum fenster hinaus sehe so verliert sich der geruch, sehe ich wieder herein, so nimmt der geruch wieder zu – – endlich sagt

Liebstes Häschen-Bäschen

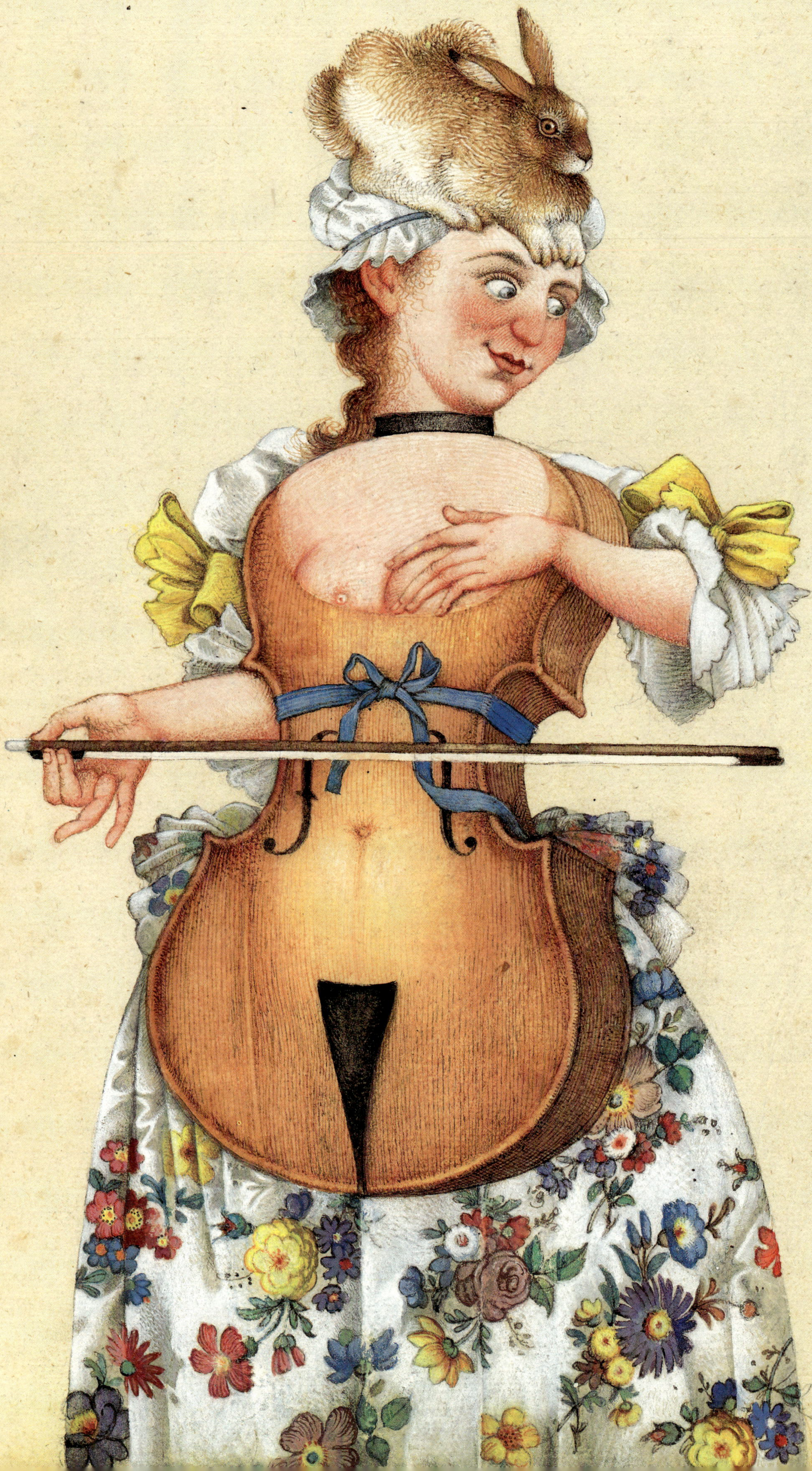

Dem insbesonders
liebwerthen Vetter

Meine Mama zu mir: was wette ich, du hast einen gehen lassen? –– ich glaube nicht Mama. ja ja, es ist gewis so. ich mache die Probe, thue den ersten finger im arsch, und dann zur Nase, und –– Ecce Provatum est; die Mama hatte recht. Nun leben sie recht wohl, ich küsse sie 10000mahl und bin wie allzeit der alte junge Sauschwanz

Wolfgang Amadé Rosenkranz.

von uns zwey Reisenden tausend Complimenten an H: vetter u. fr: baaß.

an alle meine gute freünd heünt
Meinen gruß fus; addio fex hex.
♡ 333 bis ins grab, wen ichs leben hab.

Miehnnam ned ^{net}5 rebotco 7771.

Wolfgang Amadeus aus Mannheim an seine Base
Maria Anna Thekla Mozart
nach Augsburg am 13. November 1777

iezt schreib ihr einmahl einen gescheiden brief, du kannst dessentwegen doch spass darein schreiben, aber so, dass du alle die briefe richtig erhalten hast; so darf sie sich nicht mehr sorgen, und kümmern.

Ma trés chére Niéce! Cousine! fille!
Mére, Sœur, et Epouse!

Poz Himmel Tausend sakristey, Cruaten schwere noth, teüfel, hexen, truden, kreüz-Battalion und kein End, Poz Element, luft, wasser, erd und feüer, Europa, asia, affrica und America, jesuiter, Augustiner, Benedictiner, Capuciner, minoriten, franziscaner, Dominicaner, Chartheüser, und heil: kreüzer herrn, Canonici Regulares und iregulares, und alle bärnhäüter, spizbuben, hundsfütter, Cujonen und schwänz übereinander, Eseln, büffeln, ochsen, Narrn, dalcken und fuxen! was ist das für eine Manier, 4 soldaten und 3 Bandelier? – – so ein Paquet und kein Portrait? – – ich war schon voll begierde – – ich glaubte gewis – – denn die schrieben mir ja unlängst selbst, daß ich es gar bald, recht gar bald bekommen werde. Zweifeln sie vielleicht ob ich auch mein wort halten werde? – – das will ich doch nicht hoffen, daß sie daran zweifeln? Nu, ich bitte sie, schicken sie mir es, je ehender, je lieber. es wird wohl hoffentlich so seyn, wie ich es mir ausgebeten habe, nemlich in französischen aufzuge.

wie mir Mannheim gefällt? – – so gut einen ein ort ohne bääsle gefallen kan. Verzeihen sie mir meine schlechte schrift, die feder ist schon alt, ich scheisse schon wircklich bald 22 jahr aus den nemlichen loch, und ist doch noch nicht verissen! – und hab schon so oft geschissen -- und mit den Zähnen den dreck ab-bissen.

Ich hoffe auch sie werden in gegentheil, wie es auch so ist, meine briefe richtig erhalten haben. nemlich einen von hohenaltheim, und 2 von Mannheim, und dieser; wie es auch so ist, ist der dritte von Mannheim, aber im allen der 4:te, wie es auch so ist. Nun muß ich schliessen, wie es auch so ist, denn ich bin noch nicht angezogen, und wir essen iezt gleich, damit wir hernach wieder scheissen, wie es auch so ist; haben sie mich noch immer so lieb, wie ich sie, so werden wir niemahlen aufhören uns zu lieben, wenn auch der löwe rings-herum in Mauern schwebt, wenn schon des zweifels harter Sieg nicht wohl bedacht gewesen, und die tirranney der wütterer in abweg ist geschliechen, so frist doch Codrus der weis Philosphus oft roz für haber Muß, und die Römmer, die stüzen meines arsches, sind immer, sind stehts gewesen, und werden immer bleiben -- kastenfrey. Adieu, j'espére que vous aurés deja pris quelque lection dans la langue française, et je ne doute point, que -- *Ecoutés:* que vous saurés bientôt mieux le français, que moi; car il y a certainement deux ans, que je n'ai pas ecrit un môt dans cette langue. adieu cependant. je vous baise vos mains, votre visage, vos genoux et votre -- afin, tout ce que vous me permettés de baiser. je suis de tout mon cœur

votre

Mannheim le 13 Nomv: 1777.

trés affectioné Neveu et Cousin
Wolfg: Amadé Mozart

Aus einem Brief Leopold Mozarts aus Salzburg an seine Frau Maria Anna und seinen Sohn Wolfgang Amadeus nach Mannheim vom 17. November 1777

[. . .] Gestern war bestgeber beym Schüssen H: Wolfg: Mozart. die Scheibe war allerliebst. Eine Augspurgerin stand rechter Hand und praesentirte einem jungen Menschen, der Stifl anhatte und Reisefertig war, einen Reise-buschen, in der anderen hand hatte sie ein erstaunlich auf dem Boden nachschleppendes Leinlach, womit sie die weinende Augen abtrocknete. der Chappeau hatte auch ein dergleichen Leinlach, that das nemliche, und hielt in der anderen Hand seinen *Hut, auf dem das Centrum* war, weil es leichter zu sehen war als der Reisebusch. Oben stand geschrieben:

> Adieu mein Jungfer Baas! --- Adieu mein lieber Vetter!
> Ich wünsch zur Reise Glück, Gesundheit, schönes Wetter:
> Wir haben 14 Täg recht fröhlich hingebracht;
> das ists, was beyderseits den Abschied traurig macht.
> Verhasstes Schicksaal! -- ach! -- ich sah sie kaum erscheinen;
> So sind sie wieder weg! -- wer sollte nun nicht weinen? --

Das beste gewann Herr Zahlmeister. Es war ein abscheuliches Wetter, wir blieben dann zu Hause, und spielten mit der Gilowsky Catherl und Cajetan Andretter |: die sich empfehlen :| bis nach 5 uhr. -- den übrigen abend brachten wir zwey wie gewöhnlich mit einander beym Clavier zu. – wir sind täglich alleine; und wenn wir dießen Winter so fortmachen, so wird die Nannerl alles accompagnieren, es mag beziffert oder ohnbeziffert – es mag die leichteste oder allerschwerste Tonart seyn, und es mögen die allerunvermuthesten ausweichungen vorkommen;

dann in diesem Stück hat sie in deinen Compositionen Gelegenheit genug sich zu üben: und wir wehlen immer das schwereste und sonderheit: die Stücke in C, F, &c: mit der 3^{minor} die wir oft zur übung vornehmen.

Wolfgang Amadeus aus Mannheim an seine Base Maria Anna Thekla Mozart nach Augsburg am 3. Dezember 1777

Ma très chère Cousine!

Bevor ich Ihnen schreibe, muß ich aufs Häusel gehen – – – ietzt ist's vorbey! ach! – – nun ist mir wieder leichter ums Herz! – jetzt ist mir ein Stein vom Herzen – nun kann ich doch wieder schmausen! – nu, nu, wenn man sich halt ausgeleert hat, ist's noch so gut leben. Ich hätte Dero Schreiben vom 25ten Nov. richtig erhalten, wenn Sie nicht geschrieben hätten daß Sie Kopf-, Hals- und Arm-Schmerzen gehabt hätten, und daß Sie ietzt nun, dermalen, alleweil, den Augenblick keine Schmerzen mehr haben, so habe ich Dero Schreiben vom 26ten Nov: richtig erhalten. Ja, ja, meine allerliebste Baas, so geht es auf dieser Welt; einer hat den Beutel, der andere das Geld, mit was halten Sie es? – – mit der ☞, nicht wahr? Hur sa sa, Kupferschmied, halt mir's Mensch, druck mir's nit, halt mir's Mensch, druck mir's nit, leck mich im Arsch, Kupferschmied, ja und das ist wahr, wers glaubt, der wird seelig, und wer's nicht glaubt, der kommt in Himmel; aber schnurgerade und nicht so, wie ich schreibe. Sie sehen also daß ich schreiben kann, wie ich will, schön und wild, grad und krumm. Neulich war ich übels Humors, da schrieb ich schön, gerade und ernsthaft; heute bin ich gut aufgereimt, da schreib ich wild, krumm und lustig; ietzt kommts nur darauf an was Ihnen lieber ist, – – unter den beyden müssen Sie wählen, denn ich hab kein Mittel, schön oder wild, grad oder krumm, ernsthaft oder lustig, die 3 ersten Wörter oder die 3 letzten; ich erwarte Ihren Entschluß im nächsten Brief. Mein Entschluß ist gefaßt; wenn mir noth ist, so gehe ich, doch nach dem die Umstände sind wenn ich das laxiren habe, so lauf ich und wenn ich gar nicht mehr halten kann, so scheiß ich in die Hosen. Behüte dich Gott Fuß, auf dem Fenster liegt d' Hachsen. Ich bin Ihnen Euer liebten Freüllen Baas sehr verbunden für das Compliment von Euer Freüllen Freysinger, welches auszurichten Euer liebten Frl. Juliana so gütig gewesen ist. – Sie schreiben mir, ich wüßte zwar noch viel, aber zu viel ist zu viel; – in einem Briefe gebe ich es zu, daß es zu viel ist, aber nach und nach könnte man viel schreiben; verstehen Sie mich, wegen der Sonata muß man sich noch ein wenig mit Geduld bewaffnen. Wenns fürs Bäsle gehört hätte, so wäre sie schon längst fertig -- und wer weiß ob die Mad^{selle} Freysinger noch daran denkt -- ohngeacht dessen werde ich sie doch so bald möglich machen, einen Brief darzu schreiben und mein liebes Bääsle bitten, alles richtig zu übermachen. A propos seit ich von Augsburg weg bin, habe ich nicht Hosen ausgezogen; – außer des Nachts bevor ich ins Bett gehe. Was werden Sie wohl denken, daß ich noch in Mannheim bin, völlig drinn. Das macht, weil ich noch nicht abgereist bin, nirgends hin! Doch jetzt glaub ich wird Mannheim bald abreisen. Doch kann Augsburg von Ihnen aus noch immer nach mir schreiben und den Brief an Mannheim addressiren bis auf weitere Nachricht. Der Herr Vetter, Fr: Baas und Jungfr: Baas empfiehlt sich meiner Mamma und mir. Sie waren schon in Aengsten, daß wir etwa krank wären, weil sie so lang keinen Brief von uns bekommen haben. Vorgestern sind sie endlich mit unserm Brief vom 26ten Nov. erfreuet worden und heute als den 3ten Decebr. haben Sie das Vergnügen mir zu antworten. Ich werde Ihnen also das Versprochene halten? – Nu das freut Sie. Vergessen Sie nur auch nicht München nach der Sonata zu komponiren, denn was man einmal gehalten hat, muß man auch versprechen, man muß allezeit Wort von seinem Mann seyn. – Nun aber gescheut.

Ich muß Ihnen geschwind etwas erzehlen: ich habe heute nicht zu Hause gespeist, sondern bey einem gewissen Mons. Wendling; nun Sie wissen, daß der allzeit um halb 2 Uhr ißt, er ist verheyrathet und hat auch eine Tochter, die aber immer kränklich ist. Seine Frau singt auf der zukünftigen Opera, und Er spielt die Flöte. Nun stellen Sie sich vor, wie es halb 2 uhr war, setzten wir uns alle, bis auf die Tochter welche im Bette blieb, zu Tisch und aßen.

An alle gute Freund und Freundinnen von uns beyden einen ganzen Arsch voll Empfehlungen. An Dero Eltern steht es Pag. 3 Zeile 12. Nun weiß ich nichts mehr Neues, als daß eine alte Kuh einen neuen Dreck geschißen hat; und hiermit addieu Anna Maria Schlosserin geborne Schlüsselmacherin. Leben Sie halt recht wohl und haben Sie mich immer lieb; schreiben Sie mir bald, denn es ist gar kalt; halten Sie Ihr Versprechen, sonst muß ich mich brechen. addieu, mon Dieu, ich küsse Sie tausendmal und bin knall und fall

Mannheim
ohne Schleim
den 3ten Decembr.
heut ist nicht Quatembr:
1777 zur nächtlichen Zeit
von nun an bis in Ewigkeit
Amen.

Ma très chère Cousine
waren Sie nie zu Berlin?
Der aufrichtige wahre Vetter
bei schönen und wilden Wetter
W. A. Mozart
Sch: scheißen: das ist hart.

Aus einem Brief Leopold Mozarts aus Salzburg an seine Frau Maria Anna nach Mannheim vom 2. Februar 1778

[. . .] Dem Bäsle habe zwar etwas hergericht –, allein ich habe keine sichere Gelegenheit gehabt es noch zu schicken, und ich dachte, ob sie es früher oder später hat, daß ich ihrs durch die Kaufleute in Markt sicher, und ohne Unkösten schicken kann. Sie hat dem Wolfg: ihr Portrait geschickt, das er immer von ihr verlangte. warum muste man ihr diese Unkosten machen? –– am Ende wird es halt ein Miniaturbildl und etwa vermuthlich nicht einmahl gut getroffen seyn. die Nannerl Kisset dir die Hände, umarmt ihren Bruder von ganzen Herzen. wir Kissen euch Beyde und da wir, Gott Lob, gesund sind, und euch gesund wünschen und hoffen, so bin der alte Mzt –– wie wirst denn du nach Hause Kommen? –– Ich werde noch einen Brief an H: v Grimm schreiben, und ihn *Rüe neuve Luxembourg* addressieren.

Die Nannerl bittet auf eine *Modehauben* nicht zu vergessen.

Aus einem Brief Leopold Mozarts aus Salzburg an seinen Sohn Wolfgang Amadeus nach Mannheim vom 12. Februar 1778

[...] Die Absicht deiner Reise waren 2 Ursachen: oder einen beständigen guten dienst zu suchen; oder, wenn dieses misslingt, sich an einen grossen Platz zu begeben, wo grosse Verdienste sind. Beydes gieng auf die Absicht deinen Eltern beyzustehen, und deiner lieben Schwester fortzuhelfen, vor allem aber dir Ruhm und Ehre in der Welt zu machen, welches auch theils in deiner Kindheit schon geschehen, theils in deinen Jünglings-Jahren, und itzt nur ganz alleine auf dich ankommt in eines der grösten Ansehen, die iemals ein Tonkünstler erreicht hat, dich nach und nach zu erheben: das bist du deinem von dem Gütigsten Gott erhaltenen auserordentlichen Talente schuldig; und es kommt nur auf deine Vernunft und Lebensart an, ob du als ein gemeiner Tonkünstler, auf den die ganze Welt vergisst, oder als ein Berühmter Capellmeister, von dem die Nachwelt auch noch in Büchern lieset, – ob du von einem Weibsbild etwa eingeschäfert mit einer Stube voll nothleidenden Kindern auf einem Strohsack, oder nach einem Christ: hingebrachten Leben mit Vergnügen, Ehre und Nachruhm, mit allem für deine Familie wohl versehen, bey aller Welt in Ansehen sterben willst? Deine Reise gieng nach München – du weist die absicht – es war nichts zu thun. wohlmeinende freunde wünschten dich da zu haben – dein Wunsch war da zu bleiben: Man verfiel auf die Gedanken, eine Gesellschaft zusamm zu bringen, ich darfs nicht umständlich wiederhohlen. den Augenblick fandest du die Sache thunlich; – ich fand es nicht – lese nach was ich dir geantwortet. du hast Ehre im Leib. –– hätte es, wenns auch geschehen wäre, dir Ehre gemacht von 10 Personen, und ihrer monatl: Gnade abzuhangen? da warst du ganz erstaunlich für die kleine Sängerin des Theaters eingenohmen und wünschtest nichts mehr als dem Teutschen Theater aufzuhelfen: itzt erklärst du dich, daß du nicht einmahl eine Komische Opera schreiben möchtest. So bald du beym Thor in München hinauswarest, hatte dich auch, wie ich es vorsagte, deine ganze freundschaftl: Subscribentengesellschaft vergessen. – und was wäre es nun in München gewesen? – – am Ende sieht man immer die Vorsehung Gottes. In Augspurg hast du auch deine kleinen Scenen gehabt, dich mit meines Bruders Tochter lustig unterhalten, die dir nun auch ihr Portrait schicken muste. das übrige habe euch in den ersten Briefen nach Mannheim geschrieben. In Wallerstein machtest du ihnen tausend Spaß, nahmst die Violin, tanztest herum und spieltest, so daß man dich als einen lustigen aufgeräumten närrischen Menschen denen damals abwesenden anpries, welches dem H: Becke gelegenheit gab deine Verdienste herunter zu setzen, die nun aber bey den 2 Herrn, durch deine Composition, und die Spielart deiner Schwester in ein anderes Liecht gesetzt worden, da sie immer sagte: *ich bin nur eine Schülerin meines Bruders;* so, daß sie die gröste Hochachtung für deine Kunst haben, und sich sehr über des H: Becke schlechte Composition herausliesen. In Mannheim hast du sehr wohl gethann dich bey dem H: <*Canabich*> einzuschmeicheln. Es würde aber ohne frucht gewesen seyn, wenn er nicht seinen doppelten Nutzen dabey gesucht hätte. das übrige habe ich dir schon geschrieben. da wurde nun die Msse Tochter des H: <*Canabich*> mit Lobeserhebungen überhäuft, das Portrait ihres temperaments im Adagio der Sonate ausgedrückt, kurz, diese war nun die favoritperson. dann kahmst du in die Bekanntschaft des H: <*Wendling*>. itzt war dieser der ehrlichste freund, und was dann alles geschehen, darf nicht wiederhohlen. In einem Augenblicke kommt die neue bekanntschaft mit H: <*Weber*>: nun ist alles vorige vorbey; itzt ist diese Familie die redlichste Christliche Familie und die Tochter ist die Hauptperson des zwischen deiner aigenen und dieser Familie vorzustellenden Trauerspieles, und alles, was du dir in dem Daummel, in den dich dein für alle Leute offenes gutes Herz gesetzt hat, ohne genugsamme Überlegung einbildest, so richtig und so unfehlbar thunlich, als wenn es schon ganz natürlich so gehen müsste.

Aus einem Brief Wolfgang Amadeus Mozarts aus Mannheim an seinen Vater Leopold nach Salzburg vom 19. Februar 1778

[. . .] was sie so beissend wegen meiner lustigen unterhaltung mit ihres bruders tochter schreiben, beleidiget mich sehr; weil es aber nicht demmalso ist, so habe ich nichts darauf zu antworten. wegen wallerstein weis ich gar nicht was ich sagen soll; da bin ich beym Beecke sehr zurückhaltend und serios gewesen; und auch an der officier tafl mit einer rechten auctorité da gesessen, und mit keinen menschen ein wort geredet. überdas wollen wir alles hinausgehen, daß haben sie nur so in der ersten hitze geschrieben.

was sie wegen der Mad:selle weber schreiben, ist alles wahr; und wie ich es geschrieben habe, so wuste ich so gut wie sie, daß sie noch zu jung ist, und daß sie action braucht, und vorher öfter auf den theater Rezitirn Muß, allein mit gewissen leüten muß man öfters nach und nach – weiter schreiten.

Wolfgang Amadeus aus Mannheim an seine Base Maria Anna Thekla Mozart nach Augsburg am 28. Februar 1778

Mademoiselle
ma trés chére Cousine!

sie werden vielleicht glauben oder gar meynen ich sey gestorben! —— ich sey Crepirt? – oder verreckt? – doch nein? meynen sie es nicht, ich bitte sie; denn gemeint und geschissen ist zweyerley! – wie könnte ich denn so schön schreiben wenn ich tod wäre? – wie wäre das wohl möglich? ——— wegen meinem so langen stillschweigen will ich mich gar nicht entschuldigen, denn sie würden mir so nichts glauben; doch, was wahr ist, bleibt wahr! – ich habe so viell zu thun gehabt, daß ich wohl zeit hatte, an das bäsle zu denken, aber nicht zu schreiben, mithin hab ichs müssen lassen bleiben.

Nun aber habe ich die Ehre, sie zu fragen, wie sie sich befinden und sich tragen? – ob sie noch offens leibs sind? – ob sie etwa gar haben den grind? —— ob sie mich noch ein bischen können leiden? – ob sie öfters schreiben mit einer kreiden? – ob sie noch dann und wan an mich gedencken? – ob sie nicht bisweilen lust haben sich aufzuhencken? – ob sie etwa gar bös waren? auf mich armen narrn; ob sie nicht gutwillig wollen fried machen, oder ich lass bei meiner Ehr einen krachen! doch sie lachen —— victoria! —— unsre arsch sollen die friedens-zeichen seyn! – ich dachte wohl, daß sie mir nicht länger wiederstehen könnten. ja ja, ich bin meiner sache gewis, und sollt ich heut noch machen einen schiss, obwohl ich in 14 Tägen geh nach Paris. wenn sie mir also wolln antworten, aus der stadt Augsburg dorten, so schreiben sie mir baldt, damit ich den brief erhalt, sonst wenn ich etwa schon bin weck, bekomme ich statt einen brief einen dreck. dreck! —— dreck! – o dreck! – o süsses wort! – dreck! – schmeck! –

auch schön! – dreck, schmeck! – dreck! – leck – o charmante! – dreck, leck! – das freüet mich! – dreck, schmeck und leck! – schmeck dreck, und leck dreck! –– Nun um auf etwas anders zu kommen; haben sie sich diese fasnacht schon braf lustig gemacht. in augsburg kann man sich dermalen lustiger machen als hier. ich wollte wünschen ich wäre bey ihnen, damit ich mit ihnen recht herumspringen könnte. Meine Mama und ich, wir empfehlen uns beyde dem H: Vatter und frau Mutter, nebst dem bäsl, und hoffen das sie alle 3 recht gesund und wohlauf seyn mögen. wir sind es gott lob und danck. das glaub nicht. desto besser, besser desto. apropós: wie stehts mit der französischen sprache? – darf ich bald einen ganz französischen brief schreiben? – von Paris aus, nicht wahr? – sagen sie mir doch, haben sie den spunicunifait noch? – das glaub ich. Nun muß ich ihnen doch noch bevor ich schliesse, denn ich muß bald endigen, weil ich Eile habe, denn ich habe izt just gar nichts zu thun; und dann auch, weil ich keinen Plaz mehr habe, wie sie sehen; das Papier ist schon bald gar; und müd bin ich auch schon; die finger brennen mich ganz vor lauterschreiben; und endlich auch wüst ich nicht, wenn auch wircklich noch Plaz wäre, was ich noch schreiben sollte, als die historie, die ich ihnen zu erzählen in sinn habe. hören sie also. es ist noch nicht lange, das es sich zugetragen hat; es ist hier im land geschehen. es hat auch hier viell aufsehens gemacht, denn es scheint ohnmöglich; man weis auch, unter uns gesagt, den ausgang von der sache noch nicht. also, kurz zu sagen, es war, etwa 4 stunde von hier, das ort weis ich nicht mehr –– es war halt ein dorf oder so etwas; Nun, das ist endlich ein ding, ob es tribsterill wo der dreck ins meer rinnt, oder burmesquick wo man die krummen arschlöcher dräht, war; mit einem wort, es war halt ein ort. da war ein hirt oder schäfer, der schon ziemlich alt war, aber doch noch robust und kräftig dabey aus-sah; der war ledig, und gut bemittelt, und lebte recht vergnügt. ja, das muß ich ihnen noch vorher sagen, ehe ich die geschichte auserzähle, er hatte einen erschröcklichen ton, wen er sprach; man muste sich allzeit fürchten, wenn man ihn reden hörte. Nu, um kurz von der sache zu reden, so müssen sie wissen – er hatte auch einen hund den er Bellot nannte, einen sehr schönen grossen hund, weis mit schwarzen flecken. Nu, eines tages, gieng er mit seinen schaafen daher, deren er 11 tausend unter sich hatte; da hatte er einen stock in der hand, mit einem schönen rosenfarben stockband. denn er gieng niemahlen ohne stock. das war schon so ein gebrauch; nun weiter. da er so eine gute stunde gieng, so war er müde, und sezte sich bey einen fluß nieder. Endlich schlief er ein, und da traumte ihm er habe seine schaaf verlohren, und in diesen schrocken erwachte er, und sah aber zu seiner grösten freüde alle seine schaafe wieder. endlich stund er auf, und gieng wieder weiter, aber nicht lang; denn es wird kaum eine halbe stunde vorbeygegangen seyn, so kamm er zu einer brücke, die sehr lang war, aber auf beyden seiten gut geschützt war, damit man nicht hinab fallen könne; nu, da betrachtete er seine heerde; und weil er dann hinüber muste, so fieng er an seine 11 tausend schaaf hinüber zu treiben.

Nun haben sie nur die gewogenheit, und warten bis die 11 tausend schaaf drüben sind, dann will ich ihnen die ganze histori auserzählen. ich habe ihnen vorher schon gesagt, daß man den ausgang noch nicht weis. ich hoffe aber, daß, bis ich ihnen schreibe, sie gewis darüber sind; wo nicht, so liegt mir auch nichts dran; wegen meiner hätten sie herüben bleiben können. sie müssen sich schon unterdessen so weit begnügen; was ich davon gewust habe, das hab ich geschrieben. und es ist besser, daß ich aufgehört habe, als wenn ich etwas dazugelogen hätte. da hätten sie mir etwa die ganze schistori nicht geglaubt, aber so –– glauben sie mir doch – die halbe nicht. nun muß ich schliessen, ob es mich schon thut verdriessen, wer anfängt muß auch aufhören, sonst thut man die leute stöhren, an alle meine freünde mein Compliment, und wers nicht glaubt, der soll mich lecken ohne End, von nunan bis in Ewickeit, bis ich einmahl werd wieder gescheid. da hat er gwis zu lecken lang, mir wird dabey schier selbsten bang, ich fürcht der dreck der geht mir aus, und er bekommt nicht gnug zum schmaus. Adieu bääsle. ich bin, ich war, ich wär, ich bin gewesen, ich war gewesen, ich wär gewesen, o wenn ich wäre, o daß ich wäre, wollte gott ich wäre, ich wurde seyn, ich werde seyn, wenn ich seyn würde, o das ich seyn würde, ich wurde gewesen, ich werde gewesen seyn, o wenn ich gewesen wäre, o daß ich gewesen wäre, wolltegott ich wäre gewesen, was? – ein stockfisch.

addieu ma chére Cousine, wohin? – ich bin der nämlich wahre vetter

Mannheim den 28ten *febro* 1778 Wolfgang Amadé Mozart

Wolfgang Amadeus aus Kaisheim an seine Base Maria Anna Thekla Mozart nach Augsburg am 23. Dezember 1778

kaysersheim den 23ten: *dec.* 1778.

Ma trés cher Cousine!

in gröster Eyl – und mit vollkomenster Reüe und leid, und steifen Vorsatz schreibe ich ihnen, und gieb ihnen die Nachricht, daß ich morgen schon nach München abreise; – liebstes bäsle, sey kein häsle – ich wäre sehr gerne nach augsburg das versichere ich sie, allein der H: Reichs-Prälat hat mich nicht weggelassen, und ich kann ihn nicht hassen, denn das wäre wieder das gesez gottes und der Natur, und wers nicht glaubt ist eine h–r; mithin ist es halt einmal so, – vielleicht komme ich von münchen auf einen sprung nach augsburg; allein es ist nicht so sicher; – wenn sie so viell freüd haben mich zu sehen wie ich ihnen, so kommen sie nach München in die werthe stadt – schauen sie daß sie vorm Neüen jahr noch drinn sind, so will ich sie dann betrachten vorn und hind – will sie überall herum führen, auch wenns nothwendig ist kristiren – doch nur eines ist mir leid, daß ich sie nicht kann logiren: weil ich in keinen wirthshaus bin, sondern wohne bey – ja wo? – das möcht ich wissen; – Nun spassssss à part – just dessentwegen ist es für mich sehr nothwendig daß sie kommen – sie werden vielleicht eine grosse Rolle zu spiellen bekommen – also kommen sie gewis, sonst ist ein schys; ich werde alsdan in eigner hoherperson ihnen Complimentiren, ihnen den arsch Petschieren, ihre hände küssen, mit der hintern büchse schiessen, ihnen Embrassiren, sie hinten und vorn kristiren, ihnen, was ich ihnen etwa alles schuldig bin, haarklein bezahlen, und einen wackeren furz lassen erschallen, und vielleicht auch

etwas lassen fallen – Nun
adieu – mein Engel mein herz
ich warte auf sie mit schmerz
schreiben sie mir nur gleich nach München *Poste restante*
ein kleines briefchen von 24 bögen, aber
schreiben sie nicht hinein wo sie logiren werden,
damit ich sie, und sie mich nicht finden; –

P: S: Scheis = dibitari der pfarer zu Rodempl
hat sein köchin im arsch geleckt, ein andern zum Exempl;
Vivat – vivat –

votre sincere Cousin
W: A

Wolfgang Amadeus Mozart aus München an seinen Vater Leopold nach Salzburg am 8. Januar 1779

München den 8ten jenner 1779

Mon trés cher Pére!

Ich hoffe sie werden mein leztes, welches ich durch den lehnkutscher habe abschicken wollen, weillen ich ihn aber versaumet, der Post übergeben habe, richtig erhalten haben; ich habe alle ihre schreiben, mithin auch ihr leztes von 31t: *Dec:*bre durch H: Beckeè richtig bekommen; – ich habe ihm meinen brief und er mir den seinigen lesen lassen; –

Ich versichere sie mein liebster vatter, daß ich mich nun ganz zu *ihnen* |: aber nicht nach Salzburg :| freüe, weil ich nun durch ihr leztes versichert worden bin, daß sie mich besser kennen, als vorhin! – es war niemal keine andere ursach an den langen verzögern nach haus zu reisen – an der betrübnüss, die ich endlich, weil ich meinem freünd Beckeè mein ganzes herz entdeckte, nicht mehr bergen konnte – als dieser zweifel; – was könnte ich den sonst für eine ürsache haben? – ich weis mich nichts schuldig daß ich von ihnen vorwürfe zu befürchten hätte; – ich habe keinen fehler |: denn ich nenne einen fehler daß, welches einem Christen und Ehrlichen Manne nicht ansteht :| begangen; – mit einem wort, ich freüe mich; und ich verspreche mir schon im voraus die angenehmsten und glücklichsten täge – aber nur in ihrer und meiner liebsten schwester gesellschaft; –

ich schwöre ihnen bey meiner Ehre daß ich Salzburg und die ihnwonner |: ich rede von gebohrnen Salzburgern :| nicht leiden kann; – mir ist ihre sprache – ihre lebensart ganz unerträglich; – sie glauben nicht was ich bey der visite hier bey der Mad:me Robinig gelitten habe; – denn ich habe schon lang mit keiner solchen närrin gesprochen; – und zu meinen noch grössern unglück war auch der einfältige und kreüzdumme Mosmayer dabey – Nun weiter; – gestern war ich mit meinen lieben freünd Cannabich bey der Churfürstin, und habe meine Sonaten übereichet; sie ist hier logirt wie ich ganz gewis einmal logirt seyn werde – wie halt ein privat mensch recht hübsch und niedlich, bis auf die aussicht die miserabel ist, logirt sein kann – wir waren eine starcke halbe stund bey ihr, und sie war sehr gnädig; – Nun habe schon gemacht daß man ihr beybringt, daß ich in etlichen tägen abreisen werde, damit ich bald expedirt werde – wegen graf Seau haben sie nichts zu sorgen, den ich glaube nicht daß die sache durch ihn gehen wird, und wenn auch, so darf er sich nicht mucken; – Nun kurz und gut; glauben sie mir, daß ich für begierde brenne sie und meine liebe schwester wieder zu umarmen – wenns nur nicht in salzbourg wäre; – weil es aber bis dato ohnmöglich ist sie zu sehen ohne nach Salzbourg zu reisen, so gehe ich also mit freüden –

ich muß eilen die Post geht; – mein bäasle ist hier – warum? – ihrm vetter zu gefallen? – das ist freylich die bekante ursach! – allein – Nu, wir werden in Salzbourg davon sprechen; – dessentwegen wünschte ich sehr <das sie> mit mir nach Salzbourg gehen möchte! – sie werden etwas von ihrer eignen hand auf der vierten seiten angenagelt finden; – sie geht gern; – mithin wenn sie vergnügen haben sie bey sich zu sehen, so haben sie die güte und schreiben gleich ihren H: brudern, daß die sache richtig wird – sie werden, wen sie sie sehen und kennen, gewis mit ihr zufrieden seyn – alle leute haben sie gern; – Nun leben sie recht wohl, liebster, bester vatter; – ich küsse ihn 1000mahl die hände, und meine liebe schwester umarme ich von ganzem herzen, und bin auf Ewig

die Mad: Hepp, gebohrne *toßon*
ist erst gestern in kindbetten
gestorben; – die ist auch von den
Doctoren umgebracht worden; –

dero gehorsamster sohn
W A *Mozart*

Nachschrift Maria Anna Thekla Mozarts:

Monsieur mon trés chér
oncle

Ich hoffe sie werden sich nebst der Mademoselle cousine woll befinden; ich hatte die Ehre den herr Sohn

Von Mozart über ›Sohn‹ geschrieben:

vetter

Maria Anna Thekla Mozarts Hand:

recht gesund in Minchen anzutreffen, seyn will ist ich solte mit nach Salzburg, noch weis ich aber nicht ob ich die Ehr haben werde sie zu sehen:

Tintenklecks, darunter zwei Zeilen von Mozarts Hand:

das Portrait von meiner baase;
sie schreibt in hemmd-ärmeln! –

Maria Anna Thekla Mozarts Hand:

aber mein Vetter ist ein Rechter Narr daß sehen sie: ich winsche ihnen Mon cher oncle Recht woll zu Leben, der Mademoiselle Cousine 1000 Compliment je juis de tout mon coevr

Mozarts Hand:

Monsieur
votre invaiable Cochon

Maria Anna Thekla Mozarts Hand:

Minchen den 8 je. moi. 1779: Mozartin

Mozarts Hand:

wo der lezt noch nicht geschissen hat –

Wolfgang Amadeus aus Salzburg an seine Base
Maria Anna Thekla Mozart nach Augsburg am 24. April 1780

Salsbourg ce 24 d'avril 1780

Ma trés chére Cousine!

Sie haben meinen lezten brief so schön beantwortet, daß ich nicht weis, wo ich Worte hernehmen soll, ihnen für meine danksagung genug zu bezeigen, und Sie zugleich neuerdings zu versichern, wie sehr ich seye

dero gehorsamster diener und
aufrichtigster Vetter
Wolfgang Amadé Mozart

Ich wollte gerne mehr schreiben, allein der Raum wie Sie sehen
ist
zu Adieu adieu
klein

Nun aber spass und Ernst Sie müssen mir schon für diesmal verzeihen, daß ich ihren allerliebsten brief nicht so wie er es verdiente, von Wort zu Worte beantworte, und erlauben, daß ich nur das nothwendigste schreiben darf – Nächstens werde ich meinen fehler nach möglichkeit zu verbessern suchen.

Es sind nun 14 Täge daß ich Mr Böhm geantwortet habe – Mir liegt nur daran zu wissen daß mein schreiben nicht zu Verlust gegangen, welches mir sehr leid wäre – denn, sonst weis ich nur zu gut, daß M.r Böhm alle täge nur zu sehr occupirt ist – dem seye wie ihm wolle, so bitte ich Sie in Jedem fall, mein lieber knall, Tausend komplimenten zu machen, – und ich warte nur auf einen Wink von ihm, so ist die Aria aldort fertig – Ich habe gehört, Munschhauser seye auch krank, ist das wahr? – das wäre nicht gut für M:r Böhm. – Nun bäsle werden Sie wohl alle tage, auch bey Sturm und Hagel, das theater fleissig besuchen, weil sie Entrée frey sind? –– Neues weis ich ihnen nichts zu schreiben, als daß leider H: Joseph Hagenauer |: bei welchen sie, meine schwester und ich im laden-stübel Choccolata getrunken :| gestorben ist. – ein grosser Verlust für seinen Vatter – sein bruder Johannes |: der verheyrathete :| welcher, weil er sich auf seinen Seeligen brudern gänzlich verlassen konnte, das faullenzen so ziemlich gewohnt war, muß nun recht daran, welches ihn ein bischen Sauer ankömmt. –

Nun, meine liebste, beste, schönste, artigste, und liebenswürdigste – bald geschrieben, das bitte ich mir aus, alle Neuekeiten in und aus dem hauß – von allen den leuten, welche Sie komplimente geschrieb, wieder entgegen dopelt so vielle – Adieu – nächstes einen ganzen bogen, doch – vorher von ihnen, mein schatz, ein ganzes buch voll – Adieu von meinem Vatter Papa, und mein schwester zizibe, alles erdenkliche – an dero Eltern von uns dreyen, 2 buben und ein Mädle, 12345"678987'654321 Empfehlung, und an alle gute freund und freundin von mir allein

624, von mein vatter 1000 und mein schwester 150, zusammen 1774 und summa summarum

12345"678987'656095 Complimente

Wolfgang Amadeus aus Salzburg an seine Base Maria Anna Thekla Mozart nach Augsburg am 10. Mai 1780

De Salsbourg / a Mademoiselle / Mademoiselle Marie / Anne de Mozart ph: / a / *Augsbourg* / *In Schwaben.* / *Abzugeben in der* / *Jesuiten Gassen* / *Par Munic*

liebstes, bestes,
schönstes, liebenswürdigstes,
reizendstes,
von einem unwürdigen Vetter
in Harnisch gebrachtes
bässchen
oder
Violoncellchen! –

Salsbourg den 10ten May 1780 ni
blass mir hint' aini.
–:–
gut ists
wohl bekomms.

Ob ich Joannes Chrisostomus Sigismundus Amadeus Wolfgangus Mozartus wohl im stande seyn werde, den ihre reizende schönheit |: visibilia und invisibilia :| gewis um einen guten Pantofel-absatz erhöhenden Zorn zu stillen, mildern, oder zu besänftigen, ist eine frage die ich aber auch beantworten will: – besänftigen will so viel sagen, als Jemand in einer sänfte sanft tragen – ich bin von natur aus sehr sanft, und ein senf esse ich auch gern, besonders zu dem Rindfleisch – mithin ist es schon richtig mit leipzig: obwohl der M:r feigelrapèe durchaus behaupten oder vielmehr beköpfen will, daß aus der Pastette nichts werden soll – und das kann ich Ja ohnmöglich glauben – es wäre auch nicht der mühe werth daß man sich darum bückte – Ja wenn es ein beutel voll Conventions-kreutzer wäre – da könte man so was endlich aufklauben, heben, oder langen. – drum, wie ich gesagt habe, ich könnt es nicht anders geben, das ist der Nächste Preis – handeln lass ich nicht, weil ich kein Weibsbild bin; und hiemit Holla! Ja mein liebes violoncellchen! so geht und steht es auf der Welt, einer hat den beutel, und der andere hat das geld, und wer beydes nicht hat, hat nichts, und nichts ist so viel als sehr wenig, und wenig ist nicht viel, folglich ist nichts immer weniger als wenig, und wenig immer mehr als nicht viel, und viel immer mehr als wenig, und – so ist es, so war es, und so wird es seyn. mach ein End dem brief, schliess ihn zu, und schick ihn fort an ort und End – *feigele:*

dero gehorsamster unterthänigster diener
mein arsch ist kein Wiener

Latus hinüber V: S:

P: S: Ist die Böhmische trup schon weck – sagen sie mirs, meine Beste, ich bitte sie um Himmelswillen! ach! – – – Sie wird nun in ulm seyn, nicht wahr? O, überzeugen sie mich dessen, ich beschwöre sie bey allem was heilig ist – die götter wissen es, daß ich es aufrichtig meine
lebt's thüremichele noch? –
blass mir ins loch.

Wie hat sich Vogt mit seiner frau vertragen? –
haben sie sich einander nicht schon gekriegt beym kragen?
lauter fragen.

Eine Zärtlicher Ode! –
Dein süsses Bild, O Bäschen,
schwebt stets um meinen Blick
allein in trüben Zähren
daß du – – es selbst nicht bist.
Ich sehe es wenn er abend
mir dämmert, wen der Mond
mir glänzt, seh ichs und – weine
daß du – – es selbst nicht bist.
Bey Jenen Thales Blumen

die ich ihr leesen will,
bey Jenen Myrtenzweigen
die ich ihr flechten will
beschwör ich dich Erscheinung
auf, und verwandle dich
Verwandle sich, Erscheinung S: V:
und werd – O Bääs'chen selbst. P: T:
finis coronat opus, Edler v: *Sauschwanz*

Meine und unser aller Empfehlung an ihren herrn hervorbringer und fr: hervorbringer – Nemlich an den der sich die Mühe gegeben hat, ihnen zu machen, und an diejenige die sichs hat thun lassen. Adieu – Adieu – Engel.

Mein Vatter giebt ihnen seinen Oncklischen Seegen. und meine schwester giebt ihnen tausend Cousinische küsse. und der Vetter giebt ihnen das was er ihnen nicht geben darf.

Adieu – Adieu – Engel.

Mit Nächster Ordinaire werde mehr schreiben und zwar was recht Vernünftiges, und Nothwendiges und bey diesem hat es sein verbleiben, bis auf weiter ordre. Adieu – Adieu – Engel –

Adieu – Adieu – *Engel*

Wolfgang Amadeus aus Wien an seine Base
Maria Anna Thekla Mozart nach Augsburg am 23. Oktober 1781

à / Mademoiselle / Mademoiselle Marieanne / Mozart / á / Augsburg / in der Jesuitengasse

Ma très chère Cousine!

Ich war schon die ganze Zeit her auf einem Brief von ihnen, liebste Baase, begierig; – wie der ausfallen wird! – und wie ich mir ihn eingebildet, so war er auch. – Denn nachdemme ich einmal 3 Moanthe vorbeygehen lassen, so hätte ich nicht mehr geschrieben – und wenn der scharfrichter mit blossem schwerdt hinter mir gewesen wäre; – denn ich hätte Ja nicht gewust: wie, wann, wo, warum, und was? – ich musste nothwendigerweise auf einen brief warten. –

Es sind unterdessen, wie sie wohl wissen werden, vielle wichtige sachen mit mir vorgegangen, wobey ich nicht wenig zu denken, und vielle verdrüsslichkeiten, ärgernüss, kummer und Sorge hatte, welches mir auch in der that zu einer entschuldigung meines langen Stillschweigenswegen dienen kann; – was sonst das übrige alles anbelangt, so muß ich ihnen sagen daß das geschwätze was die Leute von mir herumlaufen zu lassen beliebten, zum theil wahr, und zum theil – falsch ist; – mehr kann ich zur Zeit nicht sagen; nur noch zu ihrer beruhigung, daß ich nichts – ohne ursache – und zwar – ohne gegründete ursache thue. – wenn sie mehr Freundschaft und Vertrauen zu mir gezeigt hätten, und sich gerade an mich |: und nicht an andere – und zwar! – :| doch stille! – wenn sie sich gerade an mich gewendet hätten, so wüssten sie gewis mehr, als alle Leute – und wenn es möglich wäre, mehr als – ich selbst! – Doch – Nun daß ich nicht vergesse – haben sie doch die güte, liebste, beste baase, und überbringen sie sogleich selbst das beyliegende schreiben dem H: Stein; – und bitten sie ihm, er möchte mir doch gleich darauf antworten –, oder wenigstens ihnen sagen, was sie mir darüber schreiben sollen; – denn ich hoffe, daß unsere Correspondence liebes bääsle, nun erst recht angehen soll! – wenn ihnen nur die briefe nicht so theuer zu stehen kömmen! – wenn sie mich, wie ich hoffe, mit einer antwort beehren wollen, so haben sie nur die gewogenheit den Brief wie lezthin – nemlich *auf dem Peter, im auge Gottes, im 2:ten Stock* zu adreßiren; ich wohne zwar nicht mehr dort, allein auf der Post ist die adreße schon so bekannt, daß wenn ein brief gerade an meine logis gewiesen ist, ich selben einem tag oder ein paar täge später erhalte. – Nun leben sie wohl, liebste, beste baase! und erhalten sie mich in ihrer mir so schätzbaren Freundschaft; der meinigen sind sie ganz versichert; ich bleibe Ewig

Ma trés chere Cousine
ihr aufrichtiger Vetter ud Frd
Wolfgang Amadè Mozart

P: S: Meine Empfehlung / an dero H. Vatter und / Fr: Mutter, wie auch / frl. Juliane.

Aus einem Brief Wolfgang Amadeus Mozarts aus Wien an seinen Vater Leopold in Salzburg vom 29. Mai 1782

[. . .] à propós; – vor etwelchen Tägen habe ich einen brief bekommen, von wem? -- von -- H: v: feigele – und der Inhalt -- daß er verliebt seye – und in wem? ---- in meine schwester --- Nein, – in -- meine Baase! -- der wird aber lange warten müssen, bis er von mir eine antwort erhällt – sie wissen wie wenig zeit daß ich zum schreiben habe. – bin nur fürwitzig wie lange es mit diesem dauern wird. –

Aus einem Brief Leopold Mozarts aus Wien an seine Tochter Maria Anna von Sonnenburg nach St. Gilgen vom 21. Februar 1785

[. . .] die Geschichte der Baase in Augsp kannst dir leicht einbilden, ein domherr hat ihr glück gebracht. – So bald Zeit habe werde einen höllischen Brief von hier nach Augspurg schreiben, als hätte ichs in Wien erfahren. Das lustigste dabey ist, – daß alle die Presenten, die sie bekahm, und so aller Welt in die Augen fielen, alles, alles ihr ihr H: oncle von Salzburg schickte. – welche Ehre für mich! –

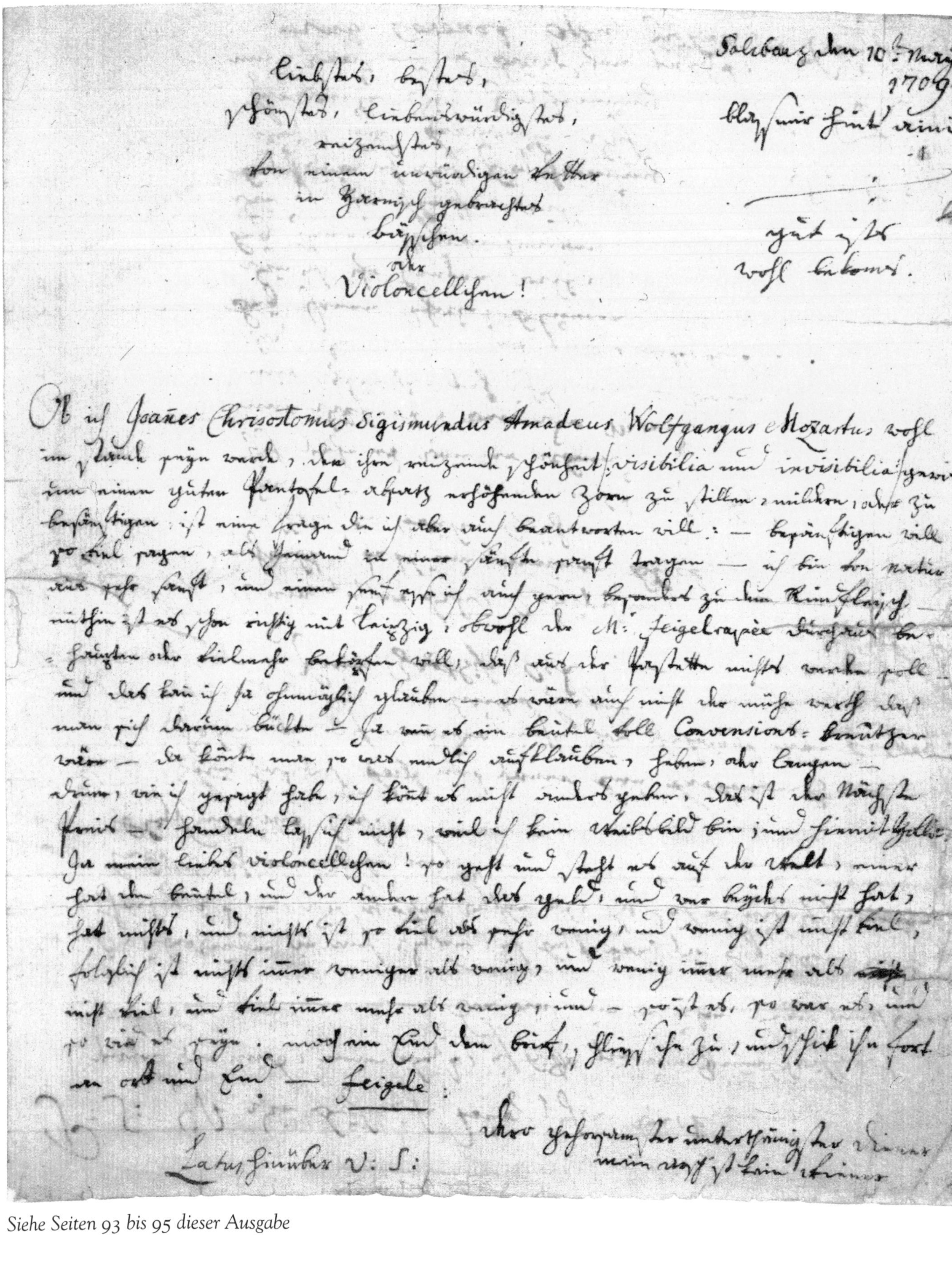

Salzburg den 10ten Maij 1779

bleib nur heut' allein.

Liebstes, bestes,
schönstes, liebenswürdigstes,
reizendstes,
von einem unwürdigen Vetter
in Harnisch gebrachtes
Bäschen
oder
Violoncellchen!

gut ists
wohl bekomms.

Ob ich Joañes Chrisostomus Sigismundus Amadeus Wolfgangus Mozartus wohl im Stande seyn werde, den ihren reizenden Schönheiten (visibilia und invisibilia) gewis um einen guten Pantoffel-absatz erhöheten Zorn zu stillen, mildern, oder zu besänftigen: ist eine frage die ich aber auch beantworten will: – besänftigen will so viel sagen, als Jemand in einer sänfte sanft tragen – ich bin von natur aus sehr sanft, und einen senf esse ich auch gern, besonders zu dem Rindfleisch – mithin ist es schon richtig mit Leipzig; obwohl der Mr feigelrapée durchaus behaupten oder vielmehr behäupten will, daß aus der Poststatt nichts werden soll – und das kan ich schon ohnmöglich glauben – es wäre auch nicht der mühe werth daß man sich darum bückte – ja wen es ein beutel voll Conventions-kreutzer wären – da könnte man so was endlich aufklauben, heben, oder langen – darum, wie ich gesagt habe, ich könnt es nicht anders geben, das ist der nächste preis – handeln lässt sich nicht, weil ich kein weibsbild bin; und hiemit holla! Ja mein liebes violoncellchen! so gehts und stehts auf der welt, einer hat den beutel, und der andere hat das geld; und wer beydes nicht hat, hat nichts, und nichts ist so viel als sehr wenig, und wenig ist nicht viel, folglich ist nichts immer weniger als wenig, und wenig immer mehr als nichts, und viel immer mehr als wenig, und – so ist es, so war es, und so wird es seyn. mach ein End dem brief, schließ ihn zu, und schick ihn fort an ort und End – Feigele:

Latus hinüber V: S:

Ihro gehorsamster unterthänigster diener
mein arsch ist kein Wiener

Siehe Seiten 93 bis 95 dieser Ausgabe

Mit nächstem Ordinaire werd ich ihnen schon weitläufiger schreiben, und zwar was recht vernünftiges, und Nothwendiges; und dabey bleibts, bis ich wieder anders ordre. adieu – adieu – Engel –

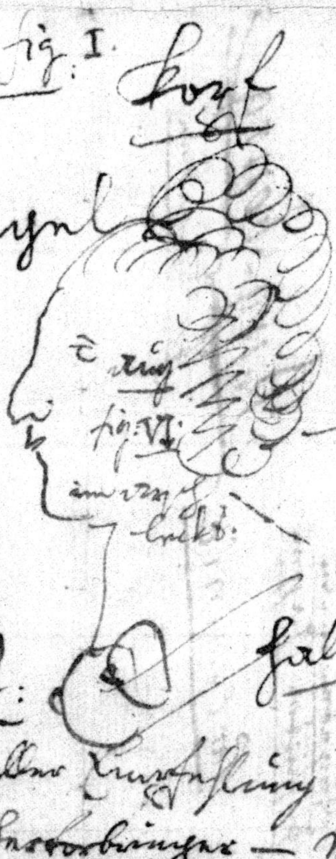

Mein und unser aller Empfehlung an ihren Herrn Erzeuger und Fr: Erzeugerinn – Nämlich an den der sich die Mühe gegeben hat, ihnen zu machen, und an diejenige die sich hat thun lassen. adieu – adieu – Engel.

Mein Vatter giebt ihnen seinen Oncklischen Seegen. und meine schwester giebt ihnen tausend Cousinische küsse. und der vetter giebt ihnen das was er ihnen nicht geben darf.

adieu – adieu – Engel.

P: S: Ist die böhmische truppe schon weck ——

sagen sie mir, mein Engl, ich bitte sie um himmelswillen!
ach! —— —— —— Sie wird nun in ulm seyn, nicht wahr?

O, überzeugen sie mich davon, ich beschwöre sie bey allem was
heilig ist — die götter wissen es, daß ich es aufrichtig meine.
lebt's Thurmichele noch? —
blast mir ins loch.

Wie hat sich Vogt mit seiner frau vertragen? —
haben sie sich einander nicht schon gekriegt bey den kragen?
läuse fangen.

Eine zärtliche Ode! —

Dein süsses bild, O Bäschen,
schwebt stets um meinen Blick
allein in trüben Zähren
daß du — — es selbst nicht bist.
Ich seh es wenn der abend
mir dämmert, wenn der Mond
mir glänzt, seh ichs, und — weine
daß du — — es selbst nicht bist.
bey jenes Thales blumen
die ich ihr lesen will,
bey jenen Myrthenzweigen
die ich ihr flechten will
beschwöre ich dich Erscheinung — S: V:
auf! und verwandle dich
verwandle dich Erscheinung — P: T:
und werd — O Bäschen selbst.

Finis coronat opus Edler v. Reiszenzahn.

ANHANG

Wolfgang Amadeus Mozart – Chronik 1777 bis 1781

Mai bis September 1777
Leopold und Wolfgang Amadeus Mozart planen eine weitere Kunstreise (es wäre die zehnte) durch Europa, doch das Urlaubsgesuch wird durch den Salzburger Erzbischof Hieronymus Colloredo abgelehnt. Ein von Wolfgang daraufhin abgefaßtes Entlassungsgesuch (er ist seit 1769 Konzertmeister des Erzbischofs) wird am 28. August mit der Entlassung von Vater und Sohn beantwortet, das für Leopold allerdings im September zurückgenommen wird. Nun soll Wolfgang eine Kunstreise unternehmen, deren Ziel es ist, eine angemessene Stelle zu finden. Die Mutter Maria Anna fährt mit zur Begleitung.

September bis Oktober 1777
Mozart reist am 23. September mit der Mutter nach München. Die Hoffnungen auf eine Anstellung erfüllen sich nicht.

Oktober 1777
Am 11. Ankunft in Augsburg, wo es zu der Freundschaft Mozarts mit seiner Base Maria Anna Thekla kommt. Mozart pflegt den Kontakt mit verschiedenen Honoratioren der Stadt und gibt im Graf Fuggerschen Saal am 22. eine Akademie.

Oktober 1777 bis März 1778
Aufenthalt in Mannheim. Auch hier erfüllen sich die Hoffnungen auf eine feste Anstellung nicht. Mozart verkehrt in den bürgerlich-höfischen Kreisen und lernt dort die Familie des Sängers Fridolin Weber kennen, von dessen 15jähriger Tochter Aloysia, einer hochbegabten Sängerin, er sich sofort fasziniert zeigt. Der ursprüngliche Plan, nach Paris weiterzureisen, wird aufgegeben zugunsten der Idee, mit den »Weberischen« eine Kunstreise zu unternehmen; doch der Vater befiehlt: »Fort nach Paris!«

Mai bis September 1778
Aufenthalt in Paris, wo die Wunderkinder Mozart 1763 von der adeligen Gesellschaft vergöttert wurden. Doch 1778 findet Mozart keinen rechten Zugang mehr in Paris, zudem stirbt am 3. Juli die Mutter.

September 1778 bis Januar 1779
Rückreise über Mannheim, Kaisheim nach München, wo Aloysia Weber inzwischen eine Anstellung an der Oper erhalten hat. In München trifft Mozart mit der

Base Maria Anna Thekla wieder zusammen, und mit ihr gemeinsam fährt er nach Salzburg, wo sie am 15. Januar eintreffen.

Januar 1779 bis September 1780
Aufenthalt in Salzburg, wo Mozart am 17. Januar zum Hoforganisten ernannt wird. In der Zwischenzeit, nämlich im September 1779, siedelt die Familie Weber nach Wien über, wo Aloysia eine Stelle als Prima Donna antritt und im Oktober 1780 den Hofschauspieler Joseph Lange heiraten wird.

Oktober 1780 bis März 1781
Mozart beginnt mit der Komposition des ›Idomeneo‹ für die Münchner Oper, den er dort von November bis Januar vollendet und einstudiert. Die erste erfolgreiche Aufführung findet am 29. Januar 1781 statt.

März bis Mai 1781
Mozart begibt sich auf Befehl seines Erzbischofs von München nach Wien, um sich dort dessen Gefolge anzuschließen. Am 9. Mai kommt es zum offenen Bruch mit dem Dienstherrn. Mozart nimmt Logis in der Wohnung der Familie Weber; dort lernt er die jüngere Tochter Constanze kennen, die er am 4. August 1782 heiraten wird.

8. Juni 1781
Mozart erhält seine Entlassung aus den Diensten des Salzburger Erzbischofs durch einen Fußtritt des Oberstküchenmeisters Graf Arco.

Anmerkungen

Erläutert wurden nur die Namen und Sachen, die zum Verständnis der Briefinhalte nötig sind und soweit sie nicht schon im Vorwort von Hanns-Joseph Ortheil behandelt werden.

16./17. Oktober 1777
Der Brief, der mit einer sympathischen Charakteristik der Base schließt, ist typisch für die familiäre Berichterstattung der Mozarts. Er zeigt auch, in welchem Maße der reisende Komponist bei den örtlichen Patriziern *(Patritii)* für sich werben muß. Ein wichtiger Ansprechpartner ist der Stadtpfleger *Langemantel* von Westheim und Ottmarshausen sowie dessen Sohn, der Intendant einer privaten Musikgesellschaft in Augsburg war. Eine wichtige Rolle spielt auch der Orgel- und Klavierbauer Johann Andreas *Stein*, dessen Hammerklaviere von Mozart außerordentlich geschätzt wurden. Bei dem *Kreüz* handelt es sich um den Orden vom Goldenen Sporn, der Mozart 1770 von Papst Clemens XIV. verliehen wurde und ihm damit das Tragen des Titels Cavaliere gestattete.

17. Oktober 1777
Freizügige Kanons wie jener, den Mozart und die Base anstimmen, um sich über den betrunkenen Pater *Emilian* lustig zu machen, haben sich auch in Mozarts Werk überliefert.

18./20. Oktober und 23./25. Oktober 1777
Der häufige Umgang der Base mit Geistlichen, sprich *Pfaffen*, der Vater und Sohn beschäftigt, wird ihr später zum Verhängnis; siehe dazu 21. Februar 1785.

25. Oktober 1777
Ob die hübsche Formel für die Base bestimmt war, ist etwas unsicher, unterschreibt Mozart doch als *Neveu* (zu lesen wäre Cousin); freilich war man mit Verwandtschaftsbezeichnungen großzügig, im galanten Französisch allemal. Den Brief vom 13. November 1777 an die Base unterschreibt Mozart später mit Neveu et Cousin.

31. Oktober 1777
Bei seinem Mannheim-Aufenthalt wird das Haus des Leiters der Instrumentalmusik, Christian *Cannabich*, zu einem wichtigen Treffpunkt. Der heitere, unbeschwerte, auch analerotische Ton, der in der Familie Mozart zuweilen eine Rolle spielt und die Bäsle-Briefe berühmt gemacht hat, stellt sich wenig später auch im

Umgang mit der Familie Cannabich ein. Mit der Salzburger Familienfreundin Rosalie *Joly* (Sallerl) tauschte Mozart zuweilen Scherzgedichte.

31. Oktober 1777 (2)
Pater Ludwig Zöschinger war *Dechant* im Kloster Heilig Kreuz in Augsburg, zu dem Mozart intensive Beziehungen unterhielt. Dort befindet sich noch heute eine umfangreiche Sammlung mit Mozartautographen.

4. November 1777
Diese Geschenke (bei dem »düchel« handelt es sich selbstredend um ein Tüchlein) spielen später in der Erinnerung des alten Leopold Mozart eine fatale Rolle; siehe dazu 21. Februar 1785.

5. November 1777
Bei den zwei *Mad.selles Freysinger* handelt es sich um Töchter eines Schulfreundes von Leopold Mozart. Die versprochene Sonate erwähnt Mozart nochmals in seinem Brief vom 3. Dezember 1777.

13. November 1777
Der von Mozart erwähnte Brief an die Base aus *hohenaltheim* ist verschollen, genauso wie alle Antwortbriefe der Base. Die Übersetzung der französischen Schlußformel lautet: »Adieu, ich hoffe, daß Sie inzwischen einige Stunden Französich genommen haben, und ich zweifle gar nicht, daß -- Hören Sie: daß Sie bald besser Französisch können als ich, denn es sind gewiß zwei Jahre her, daß ich nicht ein Wort in dieser Sprache geschrieben habe. Ich küsse Ihre Hände, Ihr Gesicht, Ihr Knie und Ihr -- schließlich alles, was Sie mir erlauben zu küssen. Von ganzem Herzen bin ich Ihr sehr ergebener Neffe und Cousin Wolfg: Amadé Mozart«.

17. November 1777
Die Familie Mozart war Mitglied in einer Bölzlschützengilde. Geschossen wurde mit einer Art Luftdruckgewehr auf eine Scheibe. Dieses Freizeitvergnügen konnte im Zimmer ausgeübt werden. Der Gastgeber stellte die Scheibe und versah sie mit einem aktuellen, meist humoristischen Motiv. Der Abschied Mozarts von der Base, dargestellt auf einer Zielscheibe – die heitere Augsburger Romanze hat anscheinend die Gemüter der in Salzburg Zurückgebliebenen bewegt.

3. Dezember 1777
Zu den guten Freunden des Mannheimer Aufenthalts gehörte anfangs der Flötist Johann Baptist *Wendling*, den Mozart anführt, um seinen Brief mit einer heiteren Nonsensgeschichte zu schließen.

2. Februar 1778
Daß Maria Anna Thekla dem Vetter ihr Porträt versprochen hat, ist schon den Briefen vom 5. und 13. November zu entnehmen. Im übrigen hat sich das Bild, welches den mißtrauischen Vater hier irritiert, erhalten. Diese Bleistiftzeichnung diente M. M. Prechtl für sein Bäsle-Porträt als Vorlage.

12. Februar 1778
Anlaß zu diesen gebieterischen Zeilen war die Mitteilung Wolfgangs vom 4. Februar, daß er lieber mit der jungen Sängerin *Aloysia Weber* eine Kunstreise unternehmen wolle als, wie abgemacht, nach Paris zu reisen. Der Einfluß der »Weberischen«, wie die Familie Weber in den Briefen genannt wird, könnte den Einfluß des Vaters auf den Sohn schmälern. Die erregte Reaktion des Vaters auf den Plan wird auch zu einer Abrechnung mit einigen Tändeleien des Sohnes, die ihn vom eigentlichen Ziel der Reise immer wieder ablenken. Leopolds Brief kulminiert in dem gebieterischen Befehl: »Fort mit Dir nach Paris!«

19. Februar 1778
Auf Anraten des Vaters besuchte Wolfgang während seines Augsburger Aufenthaltes auch den kleinen Hof des Fürsten von Ötting *Wallerstein*; was sich dort zugetragen haben soll, bleibt im Dunkel.

28. Februar 1778
Nach Auskunft von Bauer und Deutsch findet sich die spaßhafte ›historie‹ vom Schäfer mit den zahllosen Schafen bereits in den ›Cento Novelle‹ (13. Jahrhundert) und war im 18. Jahrhundert ein allseits bekannter Scherz.

23. Dezember 1778
Welche »grosse Rolle« (in seinem Privatleben?) Mozart dem Bäsle in München zugedacht hat, verbleibt im Dunkel. Vermutlich bezieht sich die Aktion auf die »Weberischen«, die 1778 mit der Mannheimer Hofkapelle nach München gewechselt waren. Mozart warb um die Hand von Aloysia Weber, wurde aber abgewiesen.

8. Januar 1779
In der Tat wird Maria Anna Thekla Mozart nach Salzburg begleiten.

24. April 1780
Es wurde versucht den Brief so, wie er im Original aufgeteilt ist, wiederzugeben, um den Scherz mit dem nicht ausreichenden Platz ›sichtbar‹ werden zu lassen. Bei Mr. *Böhm* handelt es sich um den Prinzipal einer Theatertruppe, die zu diesem Zeitpunkt in Augsburg gastiert.

10. Mai 1780
Auf Grund von Mozarts Frage nach der *Böhmischen Truppe* (siehe dazu auch 24. April 1780) ließ sich der Brief datieren, denn das von Mozart geschriebene Datum 10. Mai 1709 kann nicht stimmen. Der Brief, welcher auch ein von Mozart gekritzeltes ›Porträt‹ der Base enthält, ist in dieser Ausgabe auch als Faksimile wiedergegeben.

23. Oktober 1781
Das *geschwätze*, das Maria Anna Thekla zu Ohren gekommen sein mag, bezieht sich vermutlich auf die Umstände von Mozarts Entlassung aus den Diensten des Salzburger Erzbischofs.

29. Mai 1782
Schon in dem letzten Brief vom 23. Oktober 1781 wurde deutlich, daß sich das Verhältnis zu Maria Anna Thekla merklich abgekühlt hat. Jetzt ist der Stern, bzw. der gute Ruf der Base endgültig gesunken. Bei Herrn *von Feigele* handelt es sich um einen Salzburger Bekannten.

21. Februar 1785
Vielleicht war das Gerede um den allzu engen Kontakt der Base mit der Geistlichkeit (siehe dazu 18./20. und 23./25. Oktober 1777) nur üble Nachrede. Tatsache ist aber, daß Maria Anna Thekla Mozart (1758 bis 1841) am 22. Februar 1784 eine uneheliche Tochter zur Welt brachte, deren Vater ein Augsburger Domherr war.

Nachwort des Herausgebers

Die Briefwechsel der Familie Mozart sind getragen von einem ungeheuren Mitteilungsbedürfnis. Unter heutigen technischen Bedingungen hätte man gewiß endlos lange telefoniert. Die Familie demonstriert Zusammenhalt, der auch dann nicht verloren geht, wenn der junge Mozart mit dem Vater, oder wie im Falle der Parisreise 1777/78 mit der Mutter in Europa unterwegs war. So eine Familie ist auch unter den widrigsten Umständen nicht zu trennen, und Motor dieses familiären Zusammenhalts ist der strenge und ehrgeizige Vater. Dieser Tatsache ist es zu danken, daß von Mozart ungewöhnlich viel biographisches Material vorhanden ist, mehr jedenfalls als von anderen Komponisten des späten 18. Jahrhunderts auf uns gekommen ist.

Was diese Briefe darüber hinaus so wertvoll macht, ist ihre Privatheit. Man schrieb sachlich bis unbekümmert; während Mozart in Augsburg, Mannheim oder Paris weilt, erfährt er von den Daheimgebliebenen, was sich in Salzburg zugetragen hat, wer verstorben ist, wer sich verheiratet hat, und immer wieder kommen aus der Feder des Vaters die guten Ratschläge, die sich manchmal, beginnend mit der Parisreise 1777/78, auch zum Machtwort auswachsen. Doch was da auch schriftlich niedergelegt wird, niemals geschieht es mit einem Seitenblick auf die Allgemeinheit, der manche Briefe der Herren Wieland und Goethe schon mal mitbestimmen kann. So sind diese Briefe auch Zeugnisse des privaten Lebens ihrer Zeit. Der Tatsache, daß Mozarts Ruhm nach seinem Tode stetig wuchs, verdanken sie ihre Erhaltung. Die schreibfreudigen Familienmitglieder konnten nicht ahnen, daß dereinst einmal die halbe Menschheit mitlesen wird. Die Nachwelt kennt bei solchen Geistern keine Diskretion, sie blickt auch in die intimsten Kammern dieser Briefe, die zu einer Zeit geschrieben wurden, in der es weder Waschzwang noch Dauerduschen gab. Das gilt in besonderem Maße für Mozarts sogenannte ›Bäsle-Briefe‹, deren analerotischer Redefluß ihnen einen seltsamen Ruhm, sozusagen als Klassiker der amourösen Briefliteratur, eingetragen haben. Der berechtigte Einwand, daß der derbkomische Ton im brieflichen Umgang der Mozarts häufig zu finden ist – vorgetragen vor allen Dingen von den Veteranen der Mozartforschung Joseph Heinz Eibl und Walter Senn –, nützt nichts, der seltsame Ruhm blieb an diesen Briefen haften; und mag man heute auch daran zweifeln, daß das Liebesbriefe waren, die Tatsache, daß sich nirgendwo anders in Mozarts Briefen solch eine geballte Vieldeutigkeit analerotischer Bildphantasien findet, bleibt bestehen. Ja die meisten der neun überlieferten Briefe Wolfgang Amadeus Mozarts an Maria Anna Thekla gefallen sich als ›Nichtbriefe‹, als Nonsensepisteln, für die uns heute das Wort ›dadaistisch‹ geradezu auf der Zunge liegt.

Wäre Constanze Mozart eine Komponisten-Witwe vom Schlage der Cosima Wagner gewesen, sie hätte diese Briefe an sich gebracht, um sie zu vernichten. Zwar ging Constanze großzügig mit Mozart-Autographen um, doch wenn sie Stücke ihrer Sammlung verkaufte, herschenkte oder verlieh, so tat sie das in dem Bewußtsein, daß sie es mit Reliquien zu tun hat, die auch in kleinen Portionen noch ihre Wunder tun, sprich, die mit ihnen in Verbindung gebrachten Verehrer zu neuen Taten für den Nachruhm des verstorbenen Gatten inspirieren. Zudem wußte Constanze Mozart gerade solche Mitteilungen, wie sie die Bäsle-Briefe enthielten, zu schätzen, war sie doch in zweiter Ehe mit einem ›Mozart-Biographen‹, nämlich Georg Nikolaus Nissen verheiratet. So schreibt sie schon 1799 an den Verlag Breitkopf und Härtel: »die freilich geschmaklosen, aber doch sehr witzigen briefe an seine Base verdienen auch wohl eine Erwähnung, aber freilich nicht ganz gedrukt zu werden.« Das ist unbefangener gedacht als etwa Stefan Zweig es noch im Jahre 1931 beurteilt, der Richard Strauss den Faksimile-Privatdruck des Briefes vom 5. November 1777 mit den Worten übersendet, daß der »für die Öffentlichkeit nicht geeignet, den Wissenden vielleicht eine kleine Freude bereiten kann.« Und Richard Strauss antwortet: »Es wird Sie interessieren, daß ich einen Originalbrief des Göttlichen – auch an das Bäsle – besitze, der aber leider so anständig ist (es handelte sich um den letzten vom 21. Oktober 1781, daß er sogar in einem Mozartverein verlesen werden kann.« Selbstverständlich haben spätere Herausgeber diese Briefe, soweit sie vorlagen, ganz gedruckt, sie haben diese Charakterzeugnisse zum Teil aber auch in einem Übermaß an Kommentaren gleichsam ertränkt.

Um eine ausführliche Einleitung und Kommentierung kommt auch diese Ausgabe nicht herum. Ja, die Kommentare der Briefgesamtausgabe von Wilhelm A. Bauer und Otto Erich Deutsch des Bärenreiter-Verlages sowie die Einzelausgabe von Eibl und Senn waren der Steinbruch, aus der auch diese Edition ihr Faktenwissen ziehen muß. Freilich ist die Intension dieser Ausgabe, die sich um Mozarts Briefe an die Base Maria Anna Thekla rankt, eine andere. Es kann heute nicht mehr darum gehen, die Briefe von ihrer erotischen Brisanz zu entlasten, indem der fäkalkomische Ton im gesamten Familienbriefwechsel der Mozarts nachgewiesen wird. Es sollte vielmehr ein Charakterbild des jungen Komponisten erstellt werden, der sich anschickt, erwachsen zu werden. Denn das war das schöne Ergebnis bei der Lektüre dieser Briefe und ihrer biografischen Umgebung, daß die ›Affäre‹ mit der Base auch mit diesem Entwicklungsprozeß zusammenfällt. Als Mozart 1781 den letzten Brief an Maria Anna Thekla schreibt, hat er sich von Salzburg gelöst und lebt als ›freischaffender‹ Komponist in Wien; seine Heirat mit Constanze Weber steht bevor. Das notwendige, einleitende Charakterbild Mozarts zu dieser Ausgabe liefert Hanns Joseph Ortheil, notwendig deshalb, weil die Briefe erst durch die Einbettung in die Biographie zu einer ›sinnvollen‹ Lektüre werden.

Daß eine so intendierte Ausgabe sich nicht allein auf die neun Briefe Mozarts an seine Base beschränken kann, versteht sich von selbst. Die Geschichte dieser Freundschaft, oder wie Hanns Joseph Ortheil sie nennt, dieser ›Liebelei‹, wird nicht nur dokumentiert, wie Mozart sie selbst erlebt, sondern auch wie die anderen, also Vater und Schwestern sie erleben. Dementsprechend wurden Zeugnisse aus den Briefen von Vater und Sohn mit in den Band hineingenommen. Daß sich daraus auch so etwas wie die Geschichte der Maria Anna Thekla ergibt, belegt die eingangs gemachte Feststellung von der Spiegelung des Privaten, das heute im Dunklen läge, würde es nicht durch den Nachruhm des Genies erleuchtet.

Die Texte der vorliegenden Edition wurden der Gesamtausgabe des Bärenreiter-Verlages entnommen (Mozart, Briefe und Aufzeichnungen. Gesamtausgabe, Herausgegeben von der Internationalen Stiftung Mozarteum Salzburg. Gesammelt und erläutert von Wilhelm A. Bauer und Otto Erich Deutsch, Kassel/Basel/London/New York 1962 ff), so wie sie dort abgedruckt sind. Das heißt, soweit durch Autographen belegt, in der krausen Originalorthographie der Mozarts, mit all ihren ›Fehlern‹ und Ungereimtheiten. Nur in ganz wenigen Fällen, in denen offensichtliche Schreibfehler sinnentstellend wirken (Bauer und Deutsch weisen in Fußnoten darauf hin), wurde stillschweigend ›verbessert‹. Da das Schriftbild dieser Briefe zuweilen aberwitzig ist, so aberwitzig, daß die gedruckte Typographie das nicht mehr wiedergeben kann, mußten in wenigen Fällen erläuternde Hinweise, dankend entliehen bei Bauer/Deutsch, beigefügt werden. Das Faksimile des Briefes vom 10. Mai 1780 kann das belegen, ganz abgesehen davon läßt sich dem entnehmen, mit welcher Lust der 24jährige diese Mitteilungen aufs Papier warf. Das Original befindet sich in der ›Collection Stefan Zweig‹ der British Library in London.

Reinhard Ermen

Zu den Bildern

Die fünf Aquarell-Zeichnungen sind auf Büttenpapiere aus der zweiten Hälfte des 18. Jahrhunderts gearbeitet. Die Reproduktionen zeigen die Bilder in originaler Größe, wobei lediglich die oberen, äußeren und unteren Ränder beschnitten wurden. – Für Vor- und Nachsatz fand die Reproduktion eines marmorierten Büttenpapiers Verwendung, das im Negativ-Naturdruck überarbeitet wurde. Den Originalbogen gestaltete Frydl Zuleeg.

Typographie und Ausstattung Heinz Richter, Hanau-Steinheim am Main
Bildlayout Michael Mathias Prechtl, Nürnberg
Herstellung Grit Fischer, Frankfurt am Main
Gesetzt aus Goudy Old Style, belichtet auf Linotronic 300
Satz Fotosatz Hoffmann, Messel
Lithographie Reprotechnik Staudacher GmbH, Nürnberg
Papier für den Text matt Offset, 140 g/qm,
der Papiergroßhandlung Ernst A. Geese GmbH, Hamburg
und für die Bilder Ikonofix matt gestrichen, 135 g/qm,
der Firma G. Schneider & Söhne, Kelkheim
Druck des Textes Paul Robert Wilk, Friedrichsdorf im Taunus
Druck der Bilder Fritz Osterchrist KG, Nürnberg
Bindung G. Lachenmaier, Reutlingen
Printed in the Federal Republic of Germany 1990
ISBN 3 7632 3799 2